八段锦·易筋经

全民健身项目指导用书

李强　张延庆◎主编

吉林出版集团股份有限公司　全国百佳图书出版单位

图书在版编目（CIP）数据

八段锦·易筋经 / 李强, 张延庆主编. -- 2 版. --
长春：吉林出版集团股份有限公司, 2010.2（2024.8重印）
全民健身项目指导用书
ISBN 978-7-5463-2359-6

Ⅰ. ①八… Ⅱ. ①李… ②张… Ⅲ. ①八段锦 - 基本
知识②易筋经（古代体育） - 基本知识 Ⅳ. ①G852

中国版本图书馆 CIP 数据核字(2010)第 028352 号

全民健身项目指导用书

八段锦·易筋经
BADUANJIN·YIJINJING

主　　编　李　强　张延庆
责任编辑　黄　群　杜　琳
封面设计　吕宜昌
开　　本　650mm×960mm　1/16
印　　张　7
字　　数　30 千
版　　次　2010 年 2 月第 2 版
印　　次　2024 年 8 月第 4 次印刷
出版发行　吉林出版集团股份有限公司
地　　址　吉林省长春市福祉大路 5788 号
邮　　编　130000
电　　话　0431-81629968
电子邮箱　11915286@qq.com
印　　刷　三河市金兆印刷装订有限公司
书　　号　ISBN 978-7-5463-2359-6　定　价　38.00 元

序言

自 1995 年我国政府推出《全民健身计划纲要》以来，我国群众性体育活动蓬勃发展，取得了显著的成绩。2008 年，举世瞩目的北京奥运会的成功举办，极大地激发了亿万人民群众的体育热情，增强了全社会的体育意识，营造了浓厚的全民健身氛围。面对这样的可喜局面，群众体育科研、教学工作者应义不容辞地为社会实践服务，从不同角度思考，如何使普通百姓通过简而易行的身体锻炼方式、方法和手段达到良好的健身效果，达到拥有健康的目标，从而享受生活、享受快乐人生。该书系就是在这样的思想指导下诞生的。

本书系能够顺应国家体育的大政方针，掌握时代脉搏，对指导大众健身，使大众掌握健身方法和手段有很好的促进作用。

本书系图文并茂，实用性强，分为球类运动、体操健身运动、传统武术、冰雪运动、水上运动、体育舞蹈、休闲运动、格斗运动、民间体育活动和极限运动等十大类项目，计 100 分册，按照统一的体例，力争有所创新。每册的具体内容为该项目的起源与发展、运动保健、基本

技术、运动技巧、比赛规则等，使读者在学习过程中，不仅能够学会运动健身的方法，同时还能够学到保健方面的基本知识。

经国务院批准，自 2009 年起，将每年的 8 月 8 日定为"全民健身日"。《全民健身项目指导用书》的出版，必将为开展全民健身活动起到积极的推动和指导作用。

目录 CONTENTS

目录 CONTENTS

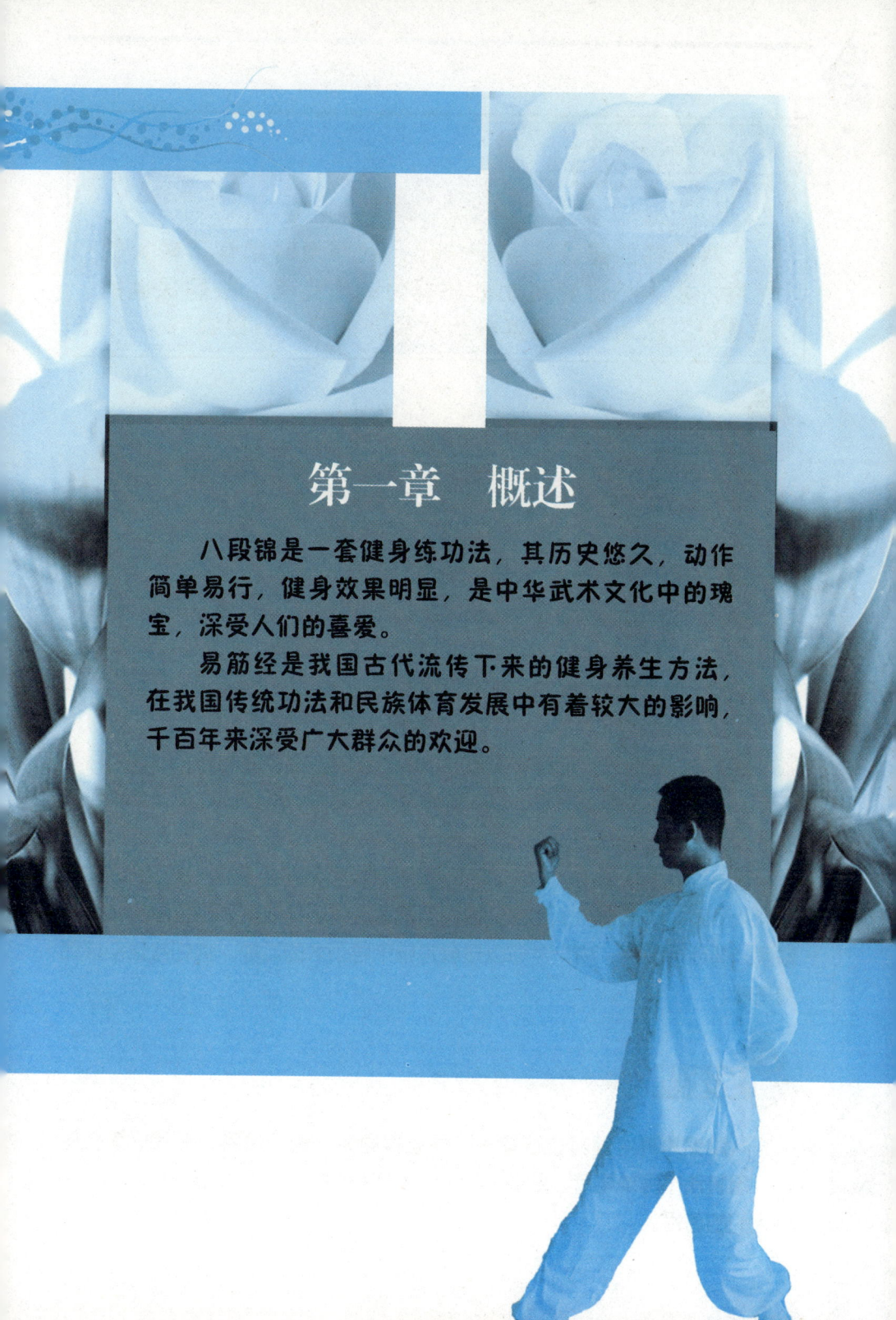

第一章　概述

八段锦是一套健身练功法，其历史悠久，动作简单易行，健身效果明显，是中华武术文化中的瑰宝，深受人们的喜爱。

易筋经是我国古代流传下来的健身养生方法，在我国传统功法和民族体育发展中有着较大的影响，千百年来深受广大群众的欢迎。

第一节

八段锦的起源与发展

八段锦的起源应早于宋代，到明清时期有了较大的发展。古人把这套练功动作视为动作完美、祛病保健的健身法。因为练功法共分为八段，故曰"八段锦"。

八段锦之名，最早出现在南宋洪迈所著《夷坚志》中："政和七年，李似矩为起居郎……尝以夜半时起坐，嘘吸按摩，行所谓八段锦者。"说明八段锦在北宋已流传于世，并有坐式和立式之分。

明清时期，立式八段锦有了较大发展，并得到广泛传播。清末《新出保身图说·八段锦》以"八段锦"为名，并绘有图像，形成了较完整的动作套路。从此，传统八段锦动作被固定下来。

八段锦分为南北两派。行功动作柔和，多采用站式动作的，被称为南派，委托梁世昌所传；动作多马步，以刚为主的，被称为北派，附会为岳飞所传。从文献和动作上考察，无论是南派还是北派，都同出一源，其中附会的传人无文字可考。

可以说八段锦是历代养生家和习练者共同创造的。它由八节动作组成，但"八"字不单是指八个动作，也表示其功法有多种要素，相互制约，相互联系，循环运转。"锦"字可以理解为单个导引术的汇集，犹如丝锦那样绵绵不断。

八段锦为养生健身功法之一，可强身健体，延年益寿，在民间流传较广。因其动作简单易行，歌诀易记，不受年龄的限制，且健身效果明显，深受人们的喜爱。

传播

中华人民共和国成立后，党和政府对民族传统体育项目非常重视。20世纪 50 年代后期，人民体育出版社先后出版了唐豪、马凤阁等人编著的《八段锦》，后又组织编写小组对传统八段锦进行挖掘整理。

到 20 世纪 70 年代末 80 年代初，八段锦作为民族传统体育项目开始进入我国大专院校课程。这些都极大地促进了八段锦理论的发展，丰富了八段锦的内涵。

21 世纪初，中国对气功组织和气功功法进行了整顿。2001 年 4 月成立了国家体育总局健身气功管理中心，明确界定健身气功是"以自身形体活动、呼吸吐纳、心理调节相结合为主要形式的民族传统体育项目"。

为更好地体现传统文化"取其精华，去其糟粕"的精神，推动气功健身项目的健康发展，国家体育总局健身气功管理中心组织全国部分体育院校、中医院校的专家、教授和民间气功养生家，于 2002 年底编创完成了 4 种健身气功新功法——易筋经、五禽戏、六字诀、八段锦。2003 年 8 月起，在全国部分省市组织"试行推广"和进行大型展示活动，到 2006 年，已在全国各地组织"推广普及"，这不仅使古老的气功旧貌换新颜，而且使健身气功更加健康、蓬勃地向前发展。

发展趋势

健身气功是以增加精、气、神协调一致的吐纳导引功夫，可以治疗慢性疾病，有抵抗疾病、延缓衰老、延长生命的作用，特别适合中老年人习练。

现在，有越来越多的人将健身气功作为一种强身健体的方式。健身气功已经逐渐成为全民健身中一个深受群众喜爱的锻炼项目。

第二节
易筋经的起源与发展

易筋经原为中国气功传统功法，历史悠久，经过重新整理编订，已成为大众养生健身气功之一。

易筋经源自我国古代导引术，历史悠久。据考证，导引术是由原始社会的"巫舞"发展而来的，到春秋战国时期已为养生家所必习。《汉书·艺文志》中已载有《黄帝杂子步引》《黄帝歧伯按摩》等有关导引的内容，说明汉代各类导引术曾兴盛一时。

另外，湖南长沙马王堆汉墓出土的帛画《导引图》中有四十多幅各种姿势的导引动作，分解这些姿势可以发现，现今流传的易筋经基本动作都能从中找到原型。这些都表明，易筋经源自中国传统文化。

《易筋经》相传为天竺和尚菩提达摩所创。梁武帝萧衍时（公元 5 世纪），菩提达摩为传真经，只身东来，后落迹于少林寺，其内功深厚，留下两卷密经，一为《洗髓经》，二为《易筋经》。《洗髓经》为内修之典，未传于世。《易筋经》为外修之书，留于少林，流传至今。然而现代考古资料证明，易筋经本是由秦汉方仙道所传导引术逐步创编而来，它的基本框架是道教文化。但经佛教僧侣集团托名改编后，揉进了不少佛教文化成分。易筋经改编和形成于唐宋间，明代开始传向社会。

实际上，"易筋"之名出自道家文献，并非佛家所创的语汇。有学者指出，在宋代张君房所撰的道教类书《云笈七签·延陵君修真大略》中已有"易髓""易筋"的说法，更早的还可以在魏晋时期出现的道家求仙小说《汉武帝内传》中找到渊源。《汉武帝内传》已有"一年易气，二年易血，三年易精，四年易脉，五年易髓，六年易骨，七年易筋，八年易发，九年易形"的记载，表述的是道家练气求长生的一种理想。

发展

《易筋经》为养生健身功法之一，可强身健体、延年益寿，在民间流传较广。因其动作简单易行，歌诀易记，不受年龄的限制，且健身效果明显，深受人们的喜爱。

传播

《易筋经》包括了练习所能达到的理想效果和具体的练习方法两方面的主要内容，对武侠小说影响最大的是其中的"内壮神勇、外壮神力"的说法。道光年间开始的武侠小说提到《易筋经》，渲染的都是《易筋经》中所说的练成后的这种神奇功用。目前发现流传至今最早的《易筋经十二势》版本，载于清代咸丰八年辑录的《内功图说》中。

传统易筋经侧重于从宗教、中医、阴阳五行学说等视角对功理、功法进行阐述，并且形成了不同流派，收录于不同的著作中。自唐以后，历代养生书中多有记载，成为民间广为流传的健身术之一。

中华人民共和国成立后，党和政府对民族传统体育项目非常重视。《易筋经》单行本的问世，深受人们的欢迎。21世纪初，党中央对气功组织和气功功法进行了整顿。2001年4月成立了国家体育总局健身气功管理中心，明确界定健身气功是"以自身形体活动、呼吸吐纳、心理调节相结合为主要形式的民族传统体育项目"。

为更好地体现对传统文化"取其精华，去其糟粕"的精神，推动气功更健康的发展，国家体育总局健身气功管理中心组织全国部分体育院校、中医院校的专家、教授和民间气功养生家，于2002年底编创完成了4种健身气功新功法——易筋经、五禽戏、六字诀、八段锦。新的易筋经继承了传统《易筋经十二势》的精要，融科学性与普及性于一体，其格调古朴，蕴涵新意。各势动作易学易练，健身效果明显。

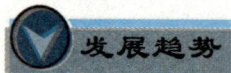

发展趋势

健身气功是以增加精、气、神协调一致的吐纳导引功夫，可以治疗慢性疾病，有抵抗疾病、延缓衰老、延长生命的作用，特别适合中老年人习练。现在，越来越多的人将健身气功作为一种强身健体的方式，健身气功已经逐渐成为全民健身中一个深受群众喜爱的锻炼项目。

第三节

场地和装备

八段锦和易筋经两项运动对场地和装备的要求不高，但高质量的场地是运动开展的前提，而良好的装备则是运动参与者发挥较高水平的必要保证。

场地 ◆◆◆◆◆◆◆◆◆◆◆◆

日常练习时对场地要求不高，一块平整的场地即可，如果有良好的环境，则效果更佳。

规格

（1）个人项目场地规格为长 14 米，宽 8 米；

（2）在场地的两条长边中间，各有 1 条长 30 厘米、宽 5 厘米的中线标记，用来区别左右半场；

（3）如果是集体练习，一般人与人之间的距离是前后左右大约需要1.5～2.5 米，这样左右增加 1 人，场地的长度就相应增加 2～3 米，前后增加 1 人，场地的宽度也相应增加 2～3 米。

要求

(1)初学者最好在地面质量较高的场地练习,如塑胶场地;

(2)为了能够随时进行练习,练习者也可以选择在空地或家里的地板(铺有地毯或海绵垫子最好)上进行练习;

(3)练习时一定要遵循循序渐进的原则,以减少运动损伤。

装备

练习八段锦和易筋经的装备与一般的武术练习装备相同。

服装

❄ 比赛服装

在各种表演场合或参加比赛时,应穿着正规武术比赛服装。服装以穿着宽松,透汗为佳。颜色主要分黑、红、蓝、白,常用的为黑色,其优点是透气性好,耐磨,抗划伤等,用绸料、缎料或其他布料均可。服装上不得有多余的附带物。

❄ 练习服装

在平时练习时,对于服装没有过高的要求,简单舒适即可,短袖运动衫或短裤质地要柔软,有弹性。

鞋

鞋一般用软胶底,便于蹬地和发力,而且防滑。

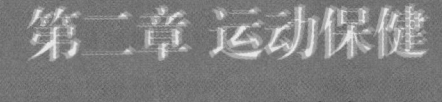

第二章 运动保健

　　体育运动对增强体质、预防疾病和促进健康具有良好的作用。但是，并非所有人从事相同的运动都会达到同样的效果。对于同一种运动负荷，不同人机体的反应差异是很大的，即使同一个体，在不同时期、不同机能状态下，对同一负荷的反应及效果也是不一样的。因此，对于不同个体，应制定适合其机能需要的运动强度、时间、频率和持续周期。从事体育锻炼一定要讲究科学性，使机体最大限度地获得运动价值，使某些疾病得到有效的防治。

第一节

自我身体评价

　　自我身体评价是指根据个体的不同情况以及简单的功能评定标准，对锻炼者进行身体评价，并以此为依据，确定具体的锻炼内容。

 适宜人群 ◆◆◆◆◆◆◆

　　体适能是全身适应性的一部分，是人体精神和体力对现代生活的适应能力。为了促进健康，预防疾病，提高生活质量和工作学习效率，几乎所有人都可以追求健康的体适能，而且经过简单的评价和测试，均可以成为目标人群，即适宜人群。

 健康体适能评价标准

　　健康体适能是指身体有足够的活力和精力处理日常事务，而不会感到过度疲劳，并且还有足够的精力去享受休闲活动和应对突发事件。

　　健康体适能是确定锻炼者是否为运动适宜人群的主要依据。目前的评价标准主要包括国民体质测定标准、学生体质测定标准和普通人群体育锻炼标准等。

　　国民体质测定标准主要包括形态指标、机能指标和素质指标 3 个部分，各项指标的测定结果均为 1～5 分，共 5 个级别。凡各项指标达不到 4 分或 5 分者，均应被纳入健身人群。

　　学生体质测定标准分为优秀、良好、及格和不及格 4 个级别。优秀水平以下者，均应被纳入健身人群。

　　普通人群体育锻炼标准分为 5 个级别，凡达不到 4 分或 5 分者，均应被纳入健身人群。

简易运动功能评定

简易运动功能评定的目的在于确定运动对象有无运动禁忌症或临时运动禁忌的情况，即是否适合参加体育锻炼，以达到防备万一，避免意外事故发生的目的。目前通行的方式是 3 分钟踏台阶测试。

目的

测试锻炼者运动后心率恢复的情况，以评估其心肺功能。

器材　见图 2-1-1

30 厘米高的长凳、节拍器、秒表和时钟。

图 2-1-1

步骤　见表 2-1-1

（1）节拍器设定为每分钟 96 次，锻炼者依"上上下下"的节拍运动 3 分钟。

（2）锻炼者完成 3 分钟踏台阶后，5 秒钟内开始测量其脉搏，时间为 1 分钟，记录其心率，并依据下表评价其功能水平。

（3）运动后心率越低，证明其心肺功能越好。在运动强度允许的范围内，锻炼者可选择运动强度的较高值来进行运动。

 表 2-1-1　3 分钟台阶测试评价表

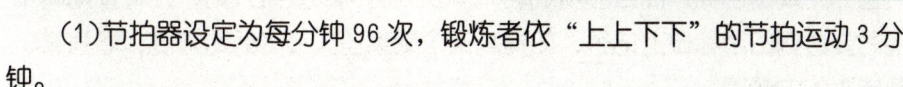

	年龄(岁)	欠佳(次)	尚可(次)	一般(次)	良好(次)	优异(次)
男士	18~25	>115	105~114	98~104	89~97	<88
	26~35	>117	107~116	98~106	89~97	<88
	36~45	>119	112~118	103~111	95~102	<94
	46~55	>122	116~121	104~115	97~103	<96
	56~65	>119	112~118	102~111	98~101	<97
	65+	>120	114~119	103~113	96~102	<95
女士	18~25	>125	117~124	107~116	98~106	<97
	26~35	>128	119~127	111~118	98~110	<97
	36~45	>128	118~127	110~117	102~109	<101
	46~55	>127	121~126	114~120	103~113	<102
	56~65	>128	118~127	112~117	104~111	<103
	65+	>128	122~127	115~121	101~114	<100

注意事项

如受试者经过努力仍无法完成测试，或出现头晕、胸闷、出冷汗等症状，应终止测试。运动中应特别考虑运动强度，以防出现意外。

锻炼目标 ◆◆◆◆◆◆◆◆

锻炼目标应根据个体不同的身体状况来确定，可分为近期目标和远期目标。此外，确定锻炼目标还应结合锻炼者的运动意向、愿望和兴趣以及本人的健康状况、疾病程度等因素。

 近期目标

近期目标是指锻炼者近期应达到的目标。在进行运动之前，应首先明确锻炼目标，即近期目标。选择一两个健康体适能构成要素，作为未来两个月内努力完成的目标，而且应从成功概率较高的构成要素开始，并将预期两个月后要达到的目标做上记号，如提高某个或某些关节的活动幅度，增强某个肌肉群的力量等。

 远期目标

远期目标是指锻炼者最终要达到的目标。实践证明，经过科学合理的锻炼后，锻炼者是可以达到一般的远期目标的，如提高心肺功能，使其达到优秀的等级，或达到降血脂、防治高血压和冠心病的目的等。

 **运动负荷 ◆◆◆◆◆◆◆◆**

运动负荷即运动量。怎样控制运动量，合适的运动时间是多少等，一直是人们争论不休的问题。但有一点是可以肯定的，那就是任何有关身体活动的意见和建议，都需要综合考虑锻炼者的身体状况和所要达到的目标，并以此为依据来制订科学的身体锻炼计划。

运动强度

运动过程中，运动强度过小，达不到锻炼的效果；运动强度过大，不仅达不到最佳的锻炼效果，还可能产生一些副作用，甚至出现意外事故。确定运动强度有两种方法。

心率简易推测法

(1)年龄在 20 岁左右的年轻人，身体健康，能坚持体育锻炼，欲进一步提高身体机能，可取最大心率值（最大心率值＝220－年龄）的 65％～85％。

(2)年龄在 45 岁以下，身体基本健康，有运动习惯者，开始进行健身锻炼，可取最大心率值的 65％～80％，没有运动习惯者，开始进行健身锻炼，可取最大心率值的 60％～75％。

(3)年龄在 45 岁以上，身体基本健康，有运动习惯者，开始进行健身锻炼，可取最大心率值的 60％～75％，没有运动习惯者，建议根据自身情况咨询专业人员来指导和确定运动强度。

主观感觉疲劳分级表推测法　见表 2-1-2

运动的疲劳程度大致分为 10 级，具体为：0～1 级，没感觉；2～3 级，尚轻松；4～5 级，稍累；6～7 级，累；8～9 级，很累；10 级，精疲力竭。因此，健身锻炼的运动强度应控制在主观感觉疲劳程度的 4～7 级。

表 2-1-2　主观感觉疲劳分级表

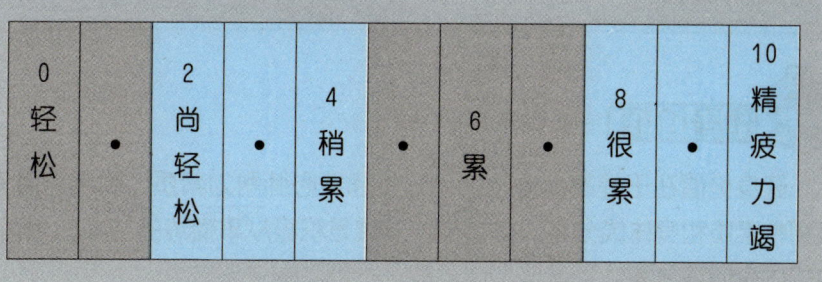

0 轻松	·	2 尚轻松	·	4 稍累	·	6 累	·	8 很累	·	10 精疲力竭

 运动频率

运动频率是指每日及每周锻炼的次数。一般每周锻炼 3～4 次，即隔日锻炼 1 次即可。有充足的休息时间，可使身体得到充分的休息，收到更好的锻炼效果。

 运动持续时间

运动保健

运动强度和运动持续时间，决定了一次锻炼的运动量和热量消耗。运动持续时间与运动强度成反比，运动强度大，运动持续时间可相应缩短，运动强度小，则运动持续时间应相应延长。

一般的健身锻炼，运动持续时间以每天 20～60 分钟为宜，其中包括准备活动时间、健身锻炼时间和整理活动时间。每次健身锻炼应在 20 分钟以上，锻炼可一次性完成，也可分段进行，但每段的活动时间应在 10 分钟以上。

第二节

运动价值

运动价值一直是人们探讨的问题，一般认为运动具有两方面的价值，即健身价值和心理价值。身体和精神的健康是相互依存的，伴随着身体功能的改善，精神状况逐渐也能同时得到改善。

 **健身价值** ◆◆◆◆◆◆◆◆◆

健身价值在于提高体适能。体适能包括心肺耐力素质、肌肉力量素质、柔韧性素质和身体成分等。体适能的发展是积极从事锻炼的结果，只有规律性的体育锻炼才能达到最佳的体适能。

提高心肺耐力素质

心肺耐力是指全身肌肉进行长时间运动的持久能力，是体内心肺系统对身体各细胞的供氧能力。人体的心脏、肺、血管、血液等组织的功能是心肺耐力的基础，它们与氧气和营养物质的输送以及代谢物的清除有关。健全的心肺功能是健康的基本保证。

系统的体育锻炼，可以使心肌增厚，收缩力加强，心室容积增大，从而使心脏的泵血功能增强，表现为心血输出量增加。

系统的体育锻炼，呼吸系统机能也将得到提高，表现为呼吸肌的力量增强，肺活量、肺通气量明显增加，保证对机体供氧的能力。

系统的体育锻炼，可以促进血管系统的形态、机能和调节能力产生良好的适应力，从而提高机体的工作能力。

系统的体育锻炼，可以使血液系统产生某些适应性变化，如血容量增加、血黏度下降、红细胞膜弹性增强和红细胞变形能力增强等。

提高肌肉力量素质

肌肉力量是指肌肉最大收缩产生的对抗阻力或负荷的能力。肌肉力量只有达到一定的程度，才能克服外界阻力，而克服外界阻力是维持日常生活自理、从事各种劳动和运动的必要前提。

系统的体育锻炼，可以提高肌肉的生理横断面积，可以改善神经系统对肌肉收缩的支配功能，还可以提高肌肉内代谢物质的储备量，使肌肉力量得到提高。

提高柔韧性素质

柔韧性是指人体各关节的活动幅度，即关节的肌肉、肌腱和韧带等软组织的伸展能力。柔韧性对于保证正常生活质量、维持正常体态、预防损伤发生和减轻损伤程度等方面均起到至关重要的作用。

系统的体育锻炼，还可以延缓因年龄因素而导致的柔韧性下降，预防因缺乏运动而导致的关节结构、周围软组织和膝关节肌肉退化，从而使锻炼者

的日常生活、劳动和运动等更加充满活力。

　　身体成分是指人体体重中的脂肪组织和去脂组织的重量百分比。身体成分中的脂肪成分增加，肌肉成分必然下降。身体中不具备收缩功能的脂肪组织增加，必然导致身体进行各种活动的能力下降，基础代谢水平降低，肥胖症、冠心病、高血压、糖尿病、高血脂等慢性疾病发病率的提高。因此，身体成分是保证人体健康的重要内容之一。

　　通过系统的体育锻炼，随着锻炼者体质的增强，热量消耗便随之增加，进而燃烧掉体内多余的脂肪，使身体成分得到改善。而身体成分的改善，又可以减少体重对关节可能带来的不利影响，还可以使肥胖者的心理状况得到改善，增强其自信心，使其逐步建立起健康的生活方式。

　　研究证明，有规律的体育锻炼不但可以使锻炼者增强体质、促进身体健康、预防一些慢性疾病，还可以提高锻炼者的生活满意度和生活质量，对其心理健康产生积极影响。

　　体育锻炼的心理健康效应主要表现在六个方面：

短期效应

　　研究发现，体育锻炼对人的情绪状态具有显著的短期效应。运动后人们的焦虑、抑郁、紧张和心理紊乱等症状会明显减轻，而精力和愉快程度则会明显增强。而且这种情绪的迅速变化，与锻炼者个体的健康状况、活动形式和活动强度等有着直接的联系。

长期效应

　　体育锻炼对人情绪的长期效应有着直接的影响，与不锻炼者相比，有规律的锻炼者在较长时期内很少会产生焦虑、抑郁、紧张和心理紊乱等情绪。

完善个性行为特征 见表 2-2-1

　　人们的行为特征一般可以分为两种类型，用 A 型行为特征和 B 型行为特征来表示。A 型行为特征主要表现为性情急躁、争强好胜、容易激动、整天忙碌和做事效率高等。B 型行为特征主要表现为不好竞争、不易紧张、不赶时间、对人随和、喜欢自由自在等。具有 A 型行为特征的人由于过度紧张的情绪反应，会引起内分泌失调，增加心脏病发病的概率。目前的一些研究主要集中在体育锻炼对改变 A 型行为特征的作用方面。研究结果表明，有规律的体育锻炼能明显改变 A 型行为特征。

 表 2-2-1　　A、B 型个性行为特征常见表现

A 型行为特征者常见表现	B 型行为特征者常见表现
约会从来不迟到	对约会很随便
竞争意识很强	竞争意识不强
别人要讲话时总爱抢先或插话	是别人讲话时很好的听众
总是匆匆忙忙	即使有压力也从不匆忙
等待时缺乏耐心	能够耐心等待
干事时全力以赴	处事漫不经心
同时想干很多事	在一段时间里只干一件事情
讲话喜欢用加强语气，甚至敲桌子	讲话语速缓慢、不慌不忙
做了好事希望得到别人的认可	只要自己满意即可，不管别人怎样想
吃饭、走路都很快	做事情很慢
不善与人相处	为人随和
容易暴露自己的感情	能控制自己的感情
具有广泛的兴趣	没什么业余爱好
雄心壮志	满足于目前的工作和学习状况

 确立良好自我概念

　　自我概念是指个体对自己身体、思想和情感的主观整体评价，它由许多自我认识组成，包括我是什么人、我主张什么和我喜欢什么等。

　　坚持体育锻炼，可以使锻炼者体格强健、精力充沛、提高驾驭身体的能力，从而改善对自身的满意程度，确立良好的自我概念。

运动价值

 改变睡眠模式

根据脑电图的显示，人的睡眠可以分为两种状态，即慢波睡眠状态和快波睡眠状态。前者为浅度睡眠状态，后者为深度睡眠状态。一夜之间两种睡眠状态会交替发生4～5次。

有规律的体育锻炼不仅对慢波睡眠有促进作用，而且能缩短入眠的潜伏期，并延长睡眠的时间。

 改善认知能力

体育锻炼还能改善人的认知过程，避免反应时间过长、注意力不集中和思维混乱等症状的发生，尤其对老年人的认知能力改善效果更为明显。

 增加心理治疗效应

体育锻炼被公认为是一种心理治疗的好方法。目前人群中常见的心理疾患是抑郁症和焦虑症。研究发现，体育锻炼是治疗抑郁症的有效手段之一，抑郁症患者经过有规律的体育锻炼，抑郁症状能明显减轻。

体育锻炼还具有治疗焦虑症的作用，通过有规律的体育锻炼，可以使锻炼者的焦虑症状明显改善。

第三节

运动保护

在运动过程中，人体机能会随时发生变化。因此，应针对这种机能变化的特点来进行体育锻炼，也就是我们所说的运动保护。运动保护一般包括运动前准备、运动后放松和自我养护三个方面。

 **运动前准备**

准备活动是指在正式运动之前进行的有目的的身体练习。做好充分的

准备活动，可以缩短机体进入最佳状态的时间，同时还可以预防运动损伤的发生，为机体发挥最大的工作效率做好功能上的准备。

 准备活动的作用

提高中枢神经系统兴奋状态

(1)使大脑反应速度加快，参加活动的运动中枢神经相互协调。

(2)为正式运动时生理机能达到适宜程度提前做好准备。

提高机体代谢水平

(1)准备活动可以使锻炼者体温升高，降低肌肉黏滞性，使肌肉的伸展性、柔韧性和弹性增强，从而有效预防运动损伤的发生。

(2)准备活动可以增强体内代谢酶的活性，使物质代谢水平提高，以保证运动时有较充分的能量供应。

克服内脏器官生理惰性

(1)准备活动可以提高心血管系统和呼吸系统的机能水平，使肺通气量及心血输出量增加。

(2)可以使心肌和骨骼肌的毛细血管扩张，使其工作肌获得更多的氧，从而克服内脏器官的生理惰性，使之尽快达到最佳状态。

增加皮肤毛细血管的血流量

准备活动可以使皮肤毛细血管的血流量增加，运动后毛细血管扩张，有利于散热，降低体温，有效防止开始正式活动时由于体温过高而影响运动能力。

 准备活动要求

准备活动时间

(1)准备活动的时间可以根据运动项目的具体情况确定，一般以10~30分钟为宜。

(2)准备活动与正式运动的间隔时间，一般以不超过15分钟为宜，可以在做完准备活动后立刻进行正式运动。

（1）准备活动的强度和量应较正式运动小，以免引起不必要的疲劳。

（2）准备活动的量可以由心率来决定，心率以100～120次／分为宜。

准备活动内容

一般性准备活动

一般性准备活动的内容多以伸展运动开始，然后进行一般性的跑步、徒手体操等活动。

下面介绍一套常用的一般性准备活动操，供锻炼者运动前使用。这套活动操主要包括头部运动、肩部运动、扩胸运动、体侧运动、体转运动、髋部运动和踢腿运动等。

头部运动

头部运动的动作方法（见图2-3-1）：两手叉腰，两脚左右开立，做头部向前、向后、向左、向右，以及绕环运动。

图2-3-1

肩部运动

肩部运动的动作方法（见图 2-3-2）：手扶肩部，屈臂向前、向后绕环，以及直臂绕环。

扩胸运动

扩胸运动的动作方法（见图 2-3-3）：屈臂向后振动及直臂向后振动。

体侧运动

体侧运动的动作方法（见图 2-3-4）：两脚左右开立，一手叉腰，另一臂上举，并随上体向对侧振动。

体转运动

体转运动的动作方法（见图 2-3-5）：两脚左右开立，两臂体前屈，身体向左、向右有节奏地扭转。

髋部运动

髋部运动的动作方法（见图 2-3-6）：两脚左右开立，两手叉腰，髋关节放松，向左、向右 360 度旋转。

图 2-3-2

图 2-3-3

踢腿运动

踢腿运动的动作方法（见图 2-3-7）：两臂上举后振，同时一腿向后半步，重心置于前腿，两臂下摆后振，同时向前上方踢腿。

图 2-3-4 　　　　　　　　图 2-3-5

图 2-3-6 　　　　　　　　图 2-3-7

✿ 专门性准备活动

专门性准备活动的动作方法、节奏和强度等与正式锻炼相似，目的是使人体主要肌群在运动前得到动员，为正式锻炼做好准备。

运动后放松是指运动之后所进行的一些能够加速机体功能恢复的、较轻松的身体活动。与运动前准备活动相反，其目的是使锻炼者的生理机能水平逐步得到恢复。

✿ 运动性手段

（1）运动结束后，锻炼者可采用变换运动部位的方法来消除疲劳，如上肢出现疲劳时可做一些慢跑运动，下肢出现疲劳时可做一些上肢运动。

（2）转换运动类型也是一种不错的放松方法，如打羽毛球出现疲劳时，可从事瑜伽运动来达到放松的目的。

（3）还可以用调整运动强度的方法来缓解疲劳，如可以在放松过程中，采用小强度的轻微运动方法等。

✿ 整理活动 见图 2-3-8

（1）整理活动是指运动后所做的一些能够加速机体功能恢复的身体活动，如剧烈运动后进行 3～5 分钟慢跑或其他整理活动，使身体机能得以恢复。

（2）剧烈运动后如不做整理活动而骤然停止动作，会影响氧气的补充和静脉血的回流，使机体血压降低，引起不良反应。

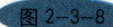

图2—3—8

注意事项

（1）在进行整理活动时动作应缓慢、放松，运动量不要过大，否则会引起新的疲劳。

（2）在进行整理活动时，应当保持心情舒畅、精神愉快。

自我养护

锻炼后，锻炼者感觉身体疲劳是一种正常的生理现象，是体育锻炼过程中的正常反应，随着体育锻炼时间的延长，疲劳症状会自然消失。运动性疲劳出现后，锻炼者如果采用一些自我养护措施，可以加速身体机能的恢复，尽快消除疲劳，提高锻炼效果。常见的自我养护方法主要包括运动后休息、合理营养和物理手段等三种。

运动后休息

静止性休息 见图2-3-9

（1）静止性休息是指锻炼者运动后保持机体相对的静止状态，以促进身体机能的恢复，尽快消除疲劳。

（2）静止性休息的最佳方式之一是睡眠，特别是刚开始从事锻炼者，身体不适应或疲劳症状明显时，更应该保证足够的睡眠，否则，锻炼者虽然积极参加了体育锻炼，但收效甚微，甚至会导致过度疲劳症状的发生。

（3）静止性休息更适合于消除全身运动导致的整体疲劳症状。

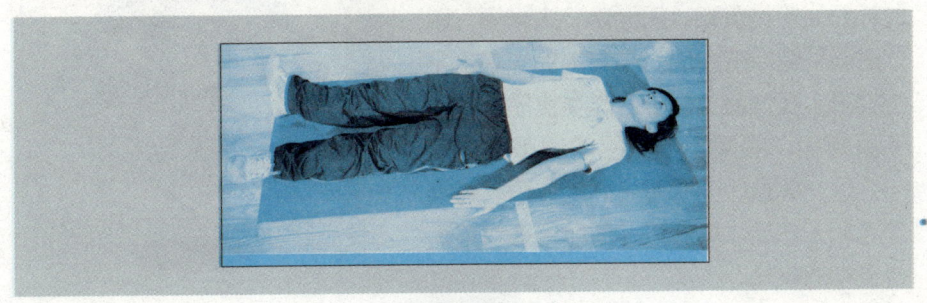

图 2-3-9

积极性休息 见图 2-3-10

（1）积极性休息更适合由于少量肌肉群参与工作而导致的局部疲劳，或运动强度较大而导致的快速疲劳。

（2）积极性休息可以加速血液循环，有利于代谢物排出体外，对促进身体机能的恢复具有明显的效果。

图 2-3-10

 合理营养 见图 2-3-11

图 2-3-11

小强度、长时间的运动形式，主要是靠糖原的有氧代谢提供能量。运动后应及时补充淀粉类食物，如面粉、大米等，以促进消耗糖原的合成。随着人民生活水平的提高，在饮食结构中，肉类食品的比重不断增加，而淀粉类食品的比重逐渐减少，这一现象应当引起人们的注意，特别是老年人参加体育锻炼，更应注意对淀粉类食物的补充。

强度较大、时间又相对较长的运动形式，主要是靠糖原的无氧代谢提供能量。这样，糖原无氧代谢产物——乳酸便会在体内大量堆积。因此，运动后应多补充蔬菜、水果等碱性食品，以加速乳酸的清除，达到尽快消除疲劳的目的。

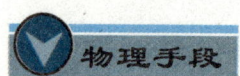 物理手段

❄ 按摩及牵拉 见图 2-3-12

（1）通过刺激神经末梢、皮肤结缔组织和毛细血管的按摩方法，可以使紧张的肌肉得以放松，从而改善局部组织和全身的血液循环，达到促进身体机能恢复的目的，这种方法可以在锻炼后马上进行。

（2）此外，还可以采取缓慢牵拉肌肉的方法，使收缩的肌肉得到充分的伸展放松。

❄ 水疗及电疗

（1）水疗包括芬兰式蒸汽浴、热水浴和桑拿浴等多种形式，主要作用是通过提高体温，促进血液循环，清除代谢物，以达到尽快消除疲劳、恢复体力的目的。

（2）水疗的时间一般以不超过 30 分钟为宜，如果时间过长，会进一步消耗体力，严重时甚至会出现暂时性脑缺血现象。

（3）如果条件允许，还可对疲劳的肌肉进行低频治疗。低频治疗仪的原理是模拟针灸疗法，使用时将电极用不干胶对称地粘贴在运动部位表皮上。这种疗法可以促进局部血液循环，改善组织代谢，缓解肌肉酸痛，消除疲劳。

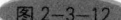
图 2-3-12

第三章　八段锦基本技术

　　基本技术是练习功法时经常出现的一些局部技术动作，这些动作组合在一起就构成了一节节的功法。由于八段锦的动作相对比较简单，因此，基本技术也相对较少，主要由基本手形和基本步形两个部分组成。

第一节
手形

手形是练习功法时手部出现的基本动作形态。在练功的过程中，每一节的动作都要配以相应的手形，正确的手形不仅可以提高锻炼效果，同时还能起到美化动作形态的作用。这里的手形主要包括拳、掌、指、爪四种。

 拳

动作方法 见图 3-1-1

大拇指指尖抵压在无名指根节内侧，其余四指卷曲收于掌心，握拢。

技术要点

握拳松紧适度，不要过紧，也不要过松。

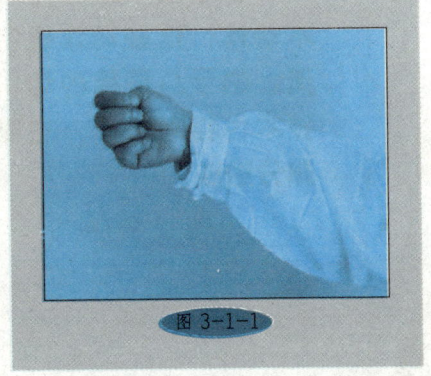

图 3-1-1

 掌

动作方法 见图 3-1-2

五指自然伸开，略曲，相互分开，掌心内含。

技术要点

五指伸开后，略弯曲内含，并略保持张力，腕部放松。

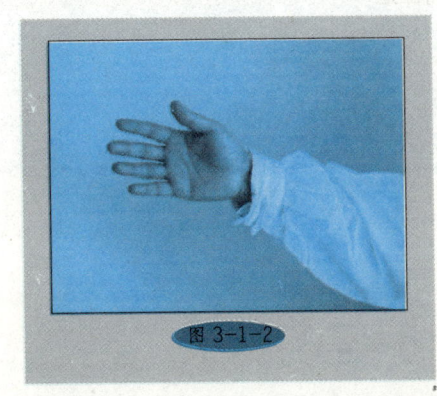

图 3-1-2

 指

动作方法 见图 3-1-3

仰腕立掌后，拇指与食指伸直分开，呈八字状，其余三指的第一、二关节曲收，掌心略含，该手形称为"金刚指"。

技术要点

食指应垂直地面，各个手指不要过于紧张，略用力，保持姿态即可。

图 3-1-3

动作方法 见图 3-1-4

五指并拢，大拇指第一指节，其余四指第一、二指节曲收扣紧，手腕伸直。

技术要点

大拇指配合其余四指形成勾拉的合力，略用力。

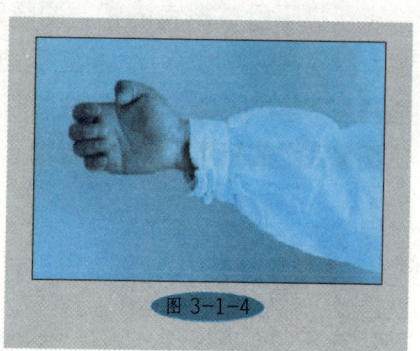

图 3-1-4

第二节
基本步形

　　步形是练习功法时下肢所做的基本动作。步形的变化可以改变身体重心的高低，因此部分动作的运动强度可以通过步形的高低来调整。此外，正确的步形可以使动作更协调，身体更稳健，姿态更优美。八段锦功法涉及的步形比较少，主要有开立步和马步两种。

动作方法　见图 3-2-1

　　两脚分开站立，距离约与本人肩部同宽，略屈膝下蹲。

技术要点

　　双脚平行或略有内扣，两腿略内旋，膝部弯曲幅度较小，通常膝盖的地面垂点不超过脚尖，同时应注意把身体的重量完全放在两只脚的全脚掌上。

图 3-2-1

 马步

🞙 动作方法 见图 3-2-2

　　两脚分开站立，距离大约为本人脚长的 2～3 倍，屈膝下蹲，大腿略高于水平。

🞙 技术要点

　　双脚平行或略有内扣，两腿略内旋，膝部略外撑，圆裆。

图 3-2-2

基本步形

第四章　八段锦的套路

　　八段锦的练习套路包括站式八段锦和坐式八段锦。站式八段锦主要是通过躯干和肢体的运动，形成牵拉、扭转，配以合理的呼吸和意念，进而作用于身体，起到健身作用。坐式八段锦运动量较小，它除了采用上述锻炼方法，还运用了中医按摩的方法对身体进行保健和护理，对体弱、年老者非常适用。

第一节

站式八段锦

站式八段锦的名称由八句通俗易记的诗句构成：

双手托天理三焦，左右开弓似射雕。

调理脾胃须单举，五劳七伤向后瞧。

摇头摆尾去心火，双手攀足固肾腰。

攒拳怒目增气力，背后七颠百病消。

这八句诗句中不仅形象地描述了动作的做法，也具体地指出了该节动作的健身功效，是古代劳动人民智慧的经典写照。练习一遍通常需要 15 分钟左右的时间。

起势

动作方法 见图 4-1-1

（1）两脚并步站立，两臂自然垂于体侧，身体中正，目视前方；

（2）随着松腰沉胯，身体重心移动到右腿，左脚向左侧开步，脚尖向前，约与肩同宽，目视前方；

（3）两臂内旋，两掌分别向两侧摆起，约与髋同高，掌心向后，目视前方；

（4）上动不停，两腿膝关节略屈，同时两臂外旋，向前合抱于腹部前呈圆弧形，与脐同高，掌心向内，两掌间距约 10 厘米，目视前方。

技术要点

（1）头向上顶，下颏略收，舌抵上颚，双唇轻闭，沉肩坠肘，腋下虚掩，胸部宽舒，腹部松沉，收髋敛臀，上体中正；

（2）呼吸徐缓，气沉丹田，调息6～9次。

错误纠正

（1）抱球时，大拇指上跷，其余四指斜向地面。因此，应注意沉肩，坠肘，指尖相对，大拇指放平。

（2）塌腰，跪腿，八字脚。因此，应收髋敛臀，命门穴（在第2腰椎棘突下凹陷中）放松，膝关节不超过脚尖，两腿内旋，两脚平行站立。

功能与作用

功理：

调整呼吸，端正身形，使心静神安。

作用：

使练习者从内在（精神）到外在（形态）都做好练功的准备。

图 4-1-1

第一势 双手托天理三焦

八段锦基本技术

动作方法 见图 4-1-2

（1）接上势，两臂外旋略下落，两掌五指分开并在腹前交叉，掌心向上，目视前方，将气呼尽；

（2）上动不停，两腿徐缓伸直，同时两掌上托至胸前，随之两臂内旋向上托起，掌心向上，抬头，目视两掌，在此过程中吸气；

（3）上动不停，两臂继续向上托，肘关节伸直，吸气，同时下颏内收，动作略停，目视前方；

（4）身体重心缓缓下降，两腿膝关节略屈，同时十指慢慢分开，两臂分别向身体两侧下落，并呼气，至两掌捧于腹前，掌心向上，目视前方；

（5）本势托举、下落为 1 遍，共做 8 遍。

技术要点

（1）两掌上托要舒展身体，略有停顿，保持抻拉；

（2）两掌下落，松腰沉髋，沉肩坠肘，松腕舒指，上体中正。

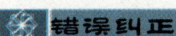
错误纠正

（1）两掌上托时，肩部紧锁，没有上提。因此，应该强调两掌上托过肩时，肩胛骨逐渐随上举动作而上提，协助上举牵拉身体至最大幅度，感觉把每一节脊柱都拉开。

（2）没有抬头，或抬头不够。因此，应强调上托过眼时，注意目视双手，上托仰视。

（3）继续上举时松懈断劲。因此，应强调双手上托时，力在掌根，缓慢举起，并抬下颌助力。

图 4-1-2

功理与作用

功理：

这里的三焦是指人体上、中、下三焦，属于六腑之一，位于胸腹之间，其中胸膈以上为上焦，胸膈与脐之间为中焦，脐以下为下焦。人体三焦主司疏布元气和流行水液。这一式为两手交叉上托，拔伸腰背，提拉胸腹，可以促使全身上下的气机流通，水液布散，从而使周身都得到元气和津液的滋养。

作用：

（1）通过两手交叉上托，缓慢用力，保持抻拉，可使三焦通畅、气血调和；

（2）通过拉长躯干与上肢各个关节周围的肌肉、韧带及关节软组织，对防治肩部疾患，预防颈椎病等具有良好作用。

第二势　左右开弓似射雕

动作方法 见图 4-1-3

（1）接上势，身体重心右移，左脚向左侧开步站立，两脚膝关节自然伸

直，同时两掌向上交叉于胸前，左掌在外，两掌心向内，目视前方，呼气调整；

（2）上动不停，伴随吸气，两腿徐缓屈膝半蹲呈马步，同时右掌屈指呈"爪"，向右拉至肩前，左掌呈金刚指，左臂内旋，向左侧推出，与肩同高，坐腕，掌心向左，犹如拉弓射箭之势，动作略停，目视左掌方向；

（3）伴随呼气，身体重心右移，左腿伸直，同时两掌分别由两侧下落，目视右手；

（4）上动不停，继续呼气，重心继续右移，左脚回收呈并步站立，同时两掌分别由左侧下落，捧于腹前，指尖相对，掌心向上，目视前方；

（5）重复以上动作，唯左右相反，本势一左一右为1遍，共做3遍，第3遍最后一动时，身体重心继续左移，右脚回收呈开步站立，与肩同宽，膝关节略屈，同时两掌分别由两侧下落，捧于腹前，指尖相对，掌心向上目视前方。

❋ 技术要点

（1）这节动作的关键点在双臂展开时，两肩胛骨向脊柱收紧，展胸，像拉弓射箭一样，对胸廓形成拉伸；

（2）金刚指侧掌需沉肩坠肘，屈腕，竖指，掌心涵空；

（3）侧拉之手五指要并拢屈紧，肩

八段锦基本技术

臂放平；

（4）年老或体弱者可自行调整马步的高度。

错误纠正

（1）端肩。因此，应强调肩部放松，下垂。

（2）曲臂侧的肘部下垂。因此，应强调肘部要端平，使后肩胛骨向后收紧。

（3）弓腰。因此，应强调做到挺胸塌腰，上体直立。

（4）八字脚。因此，应两腿内旋，两脚跟外撑。

图 4-1-3

功理与作用

功理：

这一式展肩扩胸，左右手如同拉弓射箭式，招式优美，可以抒发胸气，消除胸闷，疏理肝气，治疗肋痛，同时消除肩背部的酸痛不适。对于那些长期伏案工作，压力较大的白领人士，练习它可以增加肺活量，充分吸氧，增强意志，精力充沛。

作用：

（1）展肩扩胸，可刺激督脉和背部俞穴，同时刺激手三阴三阳经等，可调节手太阴肺经等经脉之气；

（2）可有效发挥下肢肌肉力量，提高平衡和协调能力，同时增加前臂和手部肌肉的力量，提高手腕关节及指关节的灵活性；

（3）有利于矫正不良姿势，如驼背及肩内收，很好地预防肩、颈疾病等。

第三势　调理脾胃须单举

八段锦基本技术

动作方法　见图4-1-4

（1）接上势，伴随吸气，两腿徐缓挺膝伸直，同时左掌上托，左臂外旋上穿经面前，随之臂内旋上举至头左上方，肘关节略屈，力达掌根，掌心向上，掌指向右，同时右掌略上托，随之臂内旋下按至右髋旁，肘关节略屈，力达掌根，掌心向下，掌指向前，动作略停，目视前方；

（2）伴随呼气，松腰沉髋，身体重心缓缓下降，两腿略屈，同时左臂屈肘外旋，左掌经面前下落腹前，掌心向上，右臂外旋，右掌向上捧于腹前，两掌指尖相对，相距约10厘米，掌心向上，目视前方；

（3）～（4）动作与（1）～（2）动作相同，唯左右相反；

（5）本势一左一右为1遍，共做3遍，第3遍最后一动时，两腿膝关节略屈，同时右臂屈肘，右掌下按于右髋旁，掌心向下，掌指向前，目视前方。

技术要点

力在掌根，上撑下按，舒胸展体，拔长腰脊。

错误纠正

（1）掌指方向不正。因此，应强调两掌放平，注意方向。

（2）肘关节没有弯曲度。因此，应注意

指出力在掌根，肘关节略屈。

（3）肩部没有打开，上体不够舒展。因此，强调肩部灵活，随托上移，随沉下降，增大对拉拔长的幅度。

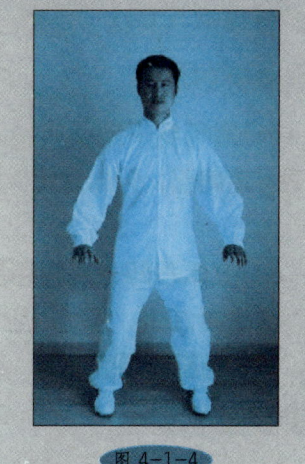

功理与作用

功理：

脾胃，是人体的后天之本，气血生化的源泉。中医认为，脾主升发清气，胃主消降浊气。这一式中，左右上肢一松一紧的上下对拉，牵拉腹腔，对脾胃肝胆起到很好的按摩作用，并辅助它们调节气机，有助于消化吸收，增强营养。

作用：

（1）通过左右上肢一松一紧的上下对拉（静力牵张），可以牵拉腹腔，对脾胃中焦肝胆起到按摩作用，同时可以刺激位于腹、胸胁部的相关经络以及背部俞穴等，达到调理脾胃肝和脏腑经络的作用；

（2）可使脊柱内各脊骨间的小关节及肌肉得到锻炼，从而增强脊柱的灵活性与稳定性，有利于预防和治疗肩、颈疾病等。

图 4-1-4

第四势　五劳七伤向后瞧

动作方法 见图 4-1-5

（1）接上势，两腿徐缓挺膝伸直，同时两臂伸直，掌心向后，指尖向下，目视前方，然后上动不停，伴随吸气，两臂充分外旋，掌心向外，头向左后转，动作略停，目视左斜后方；

（2）松腰沉髋，身体重心缓缓下降，两腿膝关节略屈，同时呼气，两臂内旋按于髋旁，掌心向下，指尖向前，目视前方；

（3）同动作（1），唯左右相反；

（4）同动作（2）；

（5）本势一左一右为1遍，共做3遍，第3遍最后一动时，两腿膝关节略屈，同时两掌捧于腹前，指尖相对，掌心向下，目视前方。

🏵 技术要点

（1）头向上顶，肩向下沉；

（2）转头不转体，旋臂，两肩后张。

🏵 错误纠正

（1）肩与躯干随头转动。因此，应注意固定肩部，只体会转头对颈部的牵拉。

（2）上体后仰，转头与旋臂不充分或转头速度过快。因此，应强调下颏内收，转头与旋臂幅度要大，速度均匀。

🏵 功理与作用

功理：

"五劳"指心、肝、脾、肺、肾五脏劳损；"七伤"指喜、怒、悲、忧、恐、惊、思七情伤害。五劳七伤，犹如今天的亚健康；长期劳顿，没有及时休养生息，最终造成损伤的累积。这一势，转头扭臂，调整大脑与脏腑联络的交通要道——颈椎（中医称为天柱）；同时挺胸，刺激胸腺，从而改善了大脑对脏腑的调节能力，并增强免疫和体质，

促进自身的良性调整，消除亚健康。

作用：

（1）本势动作通过上肢伸直外旋扭转的静力牵张作用，可以扩张牵拉胸腔、腹腔内的脏腑；

（2）本势动作中往后瞧的转头动作，可刺激颈部大椎穴，达到防治"五劳七伤"的目的；

（3）可增加颈部及肩关节周围参与运动肌群的收缩力，增加颈部运动幅度，活动眼肌，预防眼肌疲劳以及肩、颈与背部等疾患，同时改善颈部及脑部血液循环，有助于缓解中枢神经系统疲劳。

图 4-1-5

 第五势　摇头摆尾去心火

动作方法 见图 4-1-6

（1）接上势，身体重心左移，右脚向右开步站立，两腿膝关节自然伸直，同时吸气，两掌上托与胸同高时，两臂内旋，两掌继续上托至头上方，肘关节略屈，掌心向上，指尖相对，目视前方；

（2）上动不停，两腿徐缓屈膝半蹲呈马步，同时呼气，两臂向两侧下落，两掌扶于膝关节上方，肘关节略屈，小指侧向前，目视前方；

（3）伴随吸气身体重心向上略升起，而后右移，上体先向右倾，随之俯身，目视右脚（反方向时为左脚）；

（4）上动不停，身体重心左移，同时呼气，上体由右向前、向左旋转，目视右脚（反方向时为左脚）；

（5）身体重心右移，呈马步，同时头向后摇，上体立起，随之下颌略收，目视前方；

（6）～（8）：同动作（3）～（5），唯左右相反；

（9）本势一左一右为 1 遍，共做 3 遍，做完 3 遍后，身体重心左移，右

脚回收呈开步站立，与肩同宽，同时两掌向外经两侧上举，掌心相对，目视前方，随后松腰沉髋，身体重心缓缓下降，两腿膝关节略屈，同时屈肘，两掌经面前下按至腹前，掌心向下，指尖相对，目视前方。

技术要点

马步扶按时要悬项竖脊、收髋敛臀、上体中正，侧倾俯身时，颈部与尾闾对拉拔长。摇头时，颈部尽量放松，动作要柔和缓慢，摆动尾闾力求圆活连贯。

错误纠正

（1）摇转时头部僵直。因此，应在转头时，颈部肌肉尽量放松，不可主动用力，头颈部应随着腰、胸的绕转而绕转，同时通过凝视脚来加以控制。

（2）马步时，膝盖内扣。因此，应通过双腿内旋，脚内扣，膝盖外撑，圆裆来纠正。

（3）尾闾转动不圆活。因此，应注意在马步状态下转动尾闾有一定难度，可以将动作分解练习，先体会尾闾的左右和前后的运动，再练习尾闾转动，最后结合起来练习。

功理与作用

功理：

如果人在生活中的思虑过度，会导致心火旺盛。要降心火，须得肾水，心肾相交，水火相济，平衡内火。这一式，上身前俯，尾闾摆动，可使肾水上升，心火下降，可以消除心烦、口疮、口臭、失眠多梦、小便热赤、便秘等症候。

作用：

（1）心火，即心热火旺的病症，属阳热内盛的病机，通过两腿下蹲，摆动尾闾，可刺激脊柱、督脉等，通过摇头，可刺激大椎穴，从而达到疏经泻热的作用，有助于祛除心火；

（2）在摇头摆尾过程中，脊柱腰段、颈段大幅度侧屈、环转及回旋，可使整个脊柱的头颈段、腰腹及臀、股部肌群参与收缩，既增加了颈、腰、髋的关节灵活性，又增强了这些部位的肌力。

图 4-1-6

第六势 双手攀足固肾腰

 见图 4-1-7

（1）接上势，两腿挺膝伸直站立，同时吸气，两掌指尖向前，两臂向前、向上举起，肘关节伸直，掌心向前，目视前方；

（2）伴随呼气，两臂外旋至掌心相对，屈肘，两掌下按与胸前，掌心向下，指尖相对，目视前方；

（3）上动不停，伴随吸气，两臂

外旋，两掌心向上，随之两掌掌指顺腋下向后插，目视前方；

（4）伴随呼气，两掌心向内沿脊柱两侧向下摩运至臀部，随之上体前俯，两掌继续沿腿后向下摩运，经脚两侧置于脚面，抬头，动作略停，目视前下方；

（5）两掌沿地面前伸，随之用手臂带动上体起立，两臂伸直上举，掌心向前，目视前方；

（6）本势一上一下为 1 遍，共做 6 遍，做完 6 遍后，松腰沉髋，重心缓缓下降，两腿膝关节略屈，同时两掌向前下按至腹前，掌心向下，指尖向前目视前方。

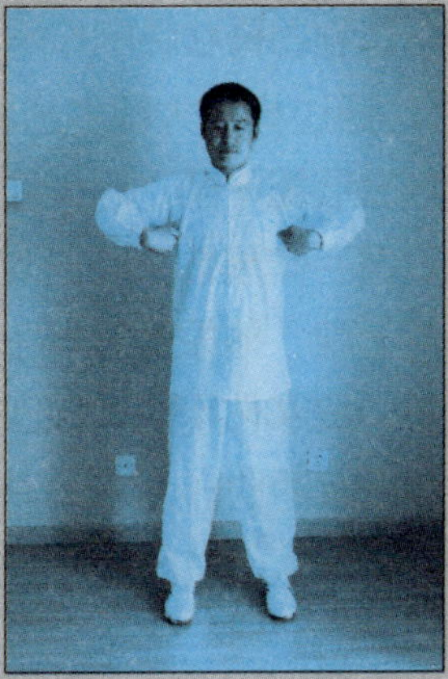

技术要点

双手反穿经腋下尽量旋腕，俯身摩运时脊柱节节放松，至脚面时要充分沉肩。起身时两掌贴地面前伸拉长腰脊，手臂主动上举带动上体立起。

错误纠正

（1）两手向下摩运时低头，膝关节弯曲。因此，练习时应注意两手向下摩运时略抬头，膝关节伸直，可根据自身身体状况自行调整动作幅度。

（2）向上起身时，起身在前，举臂在后。因此，练习时应注意向上起身时以臂带身，两臂贴近双耳，双手尽量向远够，拉长腰部。

功理与作用

功理：

这一式前屈后伸，双手按摩腰背下肢后方，使人体的督脉和足太阳膀胱经得到拉伸牵扯，对生殖系统、泌尿系统以及腰背部的肌肉都有调理作用。

作用：

（1）通过前屈后伸可刺激脊柱、督脉以及命门、阳关、委中等穴，有助于防治生殖泌尿系统方面的慢性病，达到固肾壮腰的作用；

（2）通过脊柱大幅度前屈后伸，可有效发展躯干前、后伸屈脊柱肌群的力量与伸展性，同时对腰部的肾、肾上腺、输尿管等器官有良好的牵拉、按摩作用，可以改善其功能，刺激其活动。

图 4-1-7

第七势 攒拳怒目增气力

动作方法 见图 4-1-8

（1）接上势，身体重心右移，左脚向左开步，两腿徐缓屈膝半蹲呈马步，同时两掌握固，抱于腰侧，拳心朝上，目视前方；

（2）左拳缓慢用力向前冲出，并呼气，拳与肩同高，拳眼朝上，瞪目，视左拳冲出方向；

（3）伴随吸气，左臂内旋，左拳变掌，虎口朝下，目视左掌，左臂外旋，肘关节略屈，同时左掌向左缠绕，变掌心向上后握固，目视左拳；

（4）屈肘，回收左拳至腰侧，并吸气至腹满，拳眼朝上，目视前方；

（4）～（6）同动作（1）～（3），唯左右相反；

（7）本势一左一右为 1 遍，共做 3 遍，做完 3 遍后，身体重心右移，左脚回收呈并步站立，同时两拳变掌，自然垂于体侧，目视前方。

技术要点

马步下蹲时要立身中正，马步的高低可根据自己腿部的力量灵活掌握，左右冲拳时怒目瞪眼，同时脚趾抓地，拧腰顺肩，力达拳面，旋腕要充分，五指用力抓握。

✿ 错误纠正

（1）冲拳时上体前俯，塌腰、耸肩、掀肘。因此，练习时应注意上体正直，百会上领，下颏略收，肩部松沉，前臂贴肋前送拳，力达拳面。

（2）旋腕幅度不够。因此，应注意在旋腕时，五指先伸展充分，再做最大幅度的绕腕。

（3）拳回收时抓握无力。因此，绕腕后，屈指用力抓握，再收拳头于腰间。

（4）忘记怒目瞪眼。因此，初学时应加强语言强调，并明白其中的原理。

✿ 功理与作用

功理：

中医认为，"肝主筋，开窍于目"。这一式马步冲拳，怒目瞪眼，均可刺激肝经系统，使肝血充盈，肝气疏泄，强健筋骨。对那些长期静坐卧床少动、气血多有郁滞之人，尤为适宜。

作用：

（1）本势中的"怒目瞪眼"可刺激肝经，使肝血充盈，肝气疏泻，有强健筋骨的作用；

（2）两腿下蹲十趾抓地、双手攒拳、旋腕、手指逐节强力抓握等动作，可刺激手、足三阴三阳十二

经脉的俞穴和督脉等，同时使全身肌肉、筋脉受到静力牵张刺激，长期锻炼可使全身筋肉结实，气力增加。

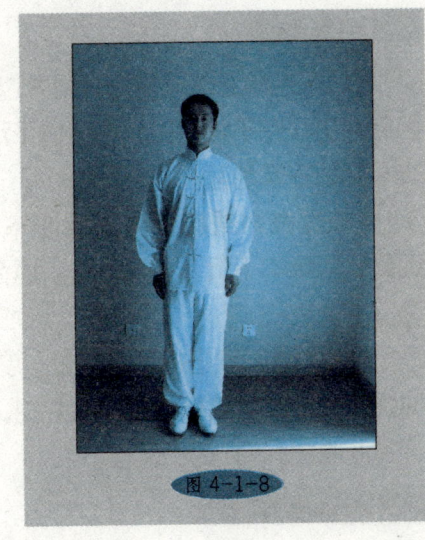

图 4-1-8

 第八势　背后七颠百病消

动作方法 见图 4-1-9

（1）接上势，调整呼气至呼气完毕，两脚跟提起，并吸气，头上顶，动作略停，目视前方；

（2）随呼气两脚跟下落，轻震地面，目视前方；

（3）本式一起一落为 1 遍，共做 7 遍。

技术要点

提踵时脊柱节节拉长，脚趾抓地，脚跟尽量抬起，两腿并拢，提肛收腹，头向上顶，略有停顿，保持平衡。下落时沉肩，颠足时身体放松，咬牙，轻震地面。

错误纠正

（1）下落颠足时速度快，用力过大。因此，应在向下颠足时，先缓缓下落一半，而后轻震地面。

（2）提踵时耸肩，身体重心不稳。因此，应肩向下沉，立项竖脊，百会上领。

（3）提踵时忘记提肛。因此，练习时强调提踵时五趾抓地，两腿并拢，强调提肛收腹，同时吸气。

功理与作用

功理：

图 4-1-9

这一势动作简单，颠足而立，拔伸脊柱，下落振身，按摩五脏六腑。俗话说，百步走不如抖一抖。这一式下落振荡导致全身的抖动，十分舒服，不仅有利于消除百病，也正好可以作为整套套路的收功。

作用：

（1）脚趾为足三阴、足三阳经交会之处，脚十趾抓地，可刺激足部有关经脉，调节相应脏腑的功能，同时颠足可刺激脊柱与督脉，使全身脏腑经络气血通畅，阴阳平衡；

（2）颠足而立可发展小腿后部肌群力量，拉长足底肌肉、韧带，提高人体平衡能力；

（3）落地震动可轻度刺激下肢及脊柱各关节内外结构，并使全身肌肉得到放松复位，有助于缓解肌肉紧张。

收势

动作方法 见图 4-1-10

（1）接上势，两臂内旋，向两侧摆起，与髋同高，掌心向后，目视前方；

（2）两臂屈肘，两掌相叠置于丹田处（男性左手在内，女性右手在内），目视前方；

（3）两臂自然下落，两掌轻贴于腿外侧，目视前方。

技术要点

体态安详，周身放松，气沉丹田，心情愉悦。

错误纠正

收功草率，心浮气躁，急于走动。因此，应在收功时强调动作要徐缓，周身放松，调顺呼吸，气归丹田。收功后可适当做一些整理活动，如搓手、浴面和肢体的按摩、拍打等放松运动，再开始其他的运动。

功理与作用

功理：

气息归元，逐渐恢复到练功前安静时的状态。

作用：

放松肢体肌肉，愉悦心情，进一步巩固练功效果。

图 4-1-10

第二节

坐式八段锦

坐式八段锦的内容自古以来差异较大，本书通过对文献的整理、编排，形成了八节功法。其具体名称如下：(1)叩响齿；(2)敲天鼓；(3)摇天柱；(4)搅玉龙；(5)摩肾俞；(6)转辘轳；(7)托天举；(8)攀双足。

一般练习一遍需要 15 分钟左右的时间。

动作方法 见图4-2-1

（1）身心放松，端坐或盘坐于床上或地板上，双手轻轻握固于小腹前或腿上，握固是指大拇指指尖点压在无名指根部关节处，其余四指轻握大拇指（如基本功法中的"拳"），双目略闭下视或视前方，逐步改用腹式深呼吸，松静自然坐 3～5 分钟；

（2）盘坐可以分为自然盘、单盘和双盘，自然盘是指两腿交叉盘起，左上右下，或者右上左下，双目略闭下视或平视前方，口轻闭，舌尖抵上颚，身体坐直，百会穴轻轻上顶，双手握固置于腹前或腿上，单盘是指将左足置于右腿上，或将右足置于左腿上，其余均同自然盘；

（3）腹式呼吸可以分为顺腹式呼吸和逆腹式呼吸，顺腹式呼吸是在吸气时，意想引天空之清气进入肺中，胸部扩张压迫横膈膜下降，小腹自然隆起，呼气时有意提肛、收腹、缩肾，逆腹式呼吸是在吸气时提肛、缩肾、小腹内收，呼气时小腹放松自然隆起，初学者建议选顺腹式呼吸，功法熟练且身体健壮后则两种呼吸方式都可使用。

图 4-2-1

✿ 技术要点

全身放松，躯干不偏不倚，背部挺直，百会穴上顶，意守丹田。

✿ 错误纠正

（1）弓腰，含胸。因此，应躯干坐直，百会穴轻轻向上顶起。

（2）思绪不静。因此，在练习开始后，要把注意力集中于自身姿态的调整，心情放松，仪态安然。

（3）腿脚僵硬，无法盘腿。因此，应在臀部垫坐物品，再盘坐，随着练习时间的增长，逐渐降低垫坐物的高度，直至能够盘坐。

✿ 功理与作用

功理：

丹田，是指下丹田，在肚脐下 7～10 厘米处。意守丹田，就是把注意力集中到脐下这个部位，这样有助于入静。

作用：

使身体和思绪从平时的状态中解脱出来，进入一种轻松自然的状态，为练功做好准备。

八段锦基本技术

⊕ **动作方法** 见图 4-2-2

牙齿轻叩 36 下。叩齿时口张略大，但不要使双唇张开，使面部肌肉随口的张合而动。练习后口水增多，量少可 1 口吞咽而下，量多可分 3 口吞咽而下，此举称为"吞津"。

⊕ **技术要点**

(1)叩齿的力量适中；

(2)口张略大，面部肌肉随动。

⊕ **错误纠正**

叩齿力量过大或过小。因此，应注意叩齿力量适中，以自己能清晰听到叩齿的响声、叩齿后牙齿无不适感为合适。

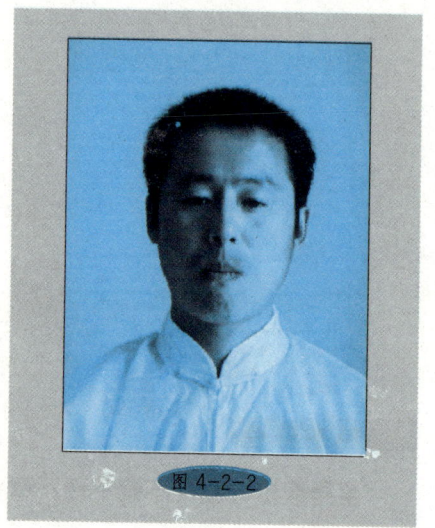

图 4-2-2

⊕ **功理与作用**

功理：

(1)牙齿是消化系统的第一关，是咀嚼食物的主要部位，好的牙齿将对人体消化系统有十分积极的作用，叩齿对牙及其周围的组织形成振动，起到舒经活络的作用，十分有助牙齿健康，此外，牙齿是骨的末梢，同筋骨有直接关系，而且同胃、肠、脾、肾、肝等内脏活动也有密切联系；

(2)唾液是人体的消化液，既有消化作用，又有杀菌功能。

作用：

(1)经常叩齿不仅能提高牙齿的抗病能力，更能延缓牙齿的衰老，使牙齿不至过早脱落；

(2)经常吞咽唾液，有助于消化系统的健康；

(3)口腔的张合，带动面目肌肉的运动，可起到美容作用。

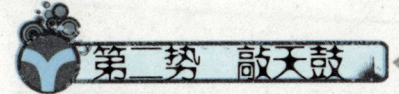

第二势　敲天鼓

★ 动作方法　见图 4-2-3

接上势姿势，两手心压住两耳，五指自然松开，指尖搭放在后枕骨处，食指压在中指上，食指用力下弹，叩击在枕骨下玉枕穴处（该穴位于人体的后头部，脑后发际正中直上 8.2 厘米，旁开 4.3 厘米平枕外隆凸上缘的凹陷处），两耳有咚咚之声，共叩 24 次。

★ 技术要点

双手平压住耳朵，要把手心对着耳孔，将其堵住。敲击穴位要准确，呼吸要自然。

★ 错误纠正

（1）没有堵住耳孔。因此，练习时应先用手掌心把耳孔堵住，再取穴敲击。

（2）取穴不准确，玉枕穴位于人体的头部后发际正中直上 8.2 厘米，旁开 4.3 厘米平枕外隆凸上缘的凹陷处。因此，初练者取穴后要记牢位置。

★ 功理与作用

功理：

人的耳朵内有三个听小骨（锤骨、砧骨和镫骨），当声波对耳膜形成振动时，该振动由三块听小骨传递到内耳，人们就会能听到声音。三个听小骨间有一定间隙，它们对声音的传递就是通过相互振动来完成的。当人们步入老年，三个骨头的间隙开始融合，这样就会导致振动不力，人的听力开始下

图 4-2-3

坐式八段锦

降。中医对此有简单易行的方法，即"敲天鼓"。

作用：

（1）通过敲击，振动三块听小骨，保持其活跃状态，可以加强听觉，预防耳疾；

（2）后脑的枕骨内是十二经络的各个阳经聚汇之所，又是小脑所在部位，故轻击可清醒头脑，增强记忆，特别是在早起或疲劳之后，效果更为明显。

第三势　摇天柱

动作方法　见图 4-2-4

（1）接上势，将两手交叉略向上移动，继续抱头，头部向前倾，两掌心紧贴后脑向前用力按压头颈，然后头颈用力后仰，双手扶头部，反复20次左右，俯呼仰吸，动作要缓慢；

（2）双手经胸前下放至小腹前左侧大腿根处，手指交叉，手心向上，低头，扭颈，向左右转后看，肩亦随头左右摇摆，一左一右为1次，做12次，然后将双手放在右侧大腿根处上重复12次。

技术要点

扭动速度不要过快。随着头的向左转动，左肩上移，辅助头的转动；头向右转动时，右肩上移，辅助头的转动。头向左转时，眼要尽力向左侧看，向右转时，眼睛尽力向右看。呼吸可配合动作完成。

错误纠正

（1）头颈后仰时，双手向前用力。因此，练习时身体要协调运动，后仰时双手不用力，自然托头，开肘展胸后仰。

（2）双臂放在大腿根处时，过于紧张，肩部不随头动。因此，应注意双臂肌肉放松，头部左右扭动时，应随之扣肩。

功理：

颈部是人体的一个比较敏感的部位，许多经脉、血管、神经都从这里经过，做好这一部位的保健对整个身体健康有好处。通过扭转颈部，改善大脑对脏腑的调节能力，并增强免疫，促进自身的良性调整，消除亚健康。建议经常伏案或低头工作的人应多做此练习。

作用：

（1）改善颈部及脑部血液循环，防治颈椎疾病，增强颈部的灵活性；

（2）有助于解除中枢神经系统疲劳，改善大脑对脏腑的调节能力，增强免疫力，消除亚健康；

（3）肩部的辅助运动，可增加颈部及肩关节周围参与运动肌群的收缩力，眼的左顾右盼，能够活动眼肌，预防眼肌疲劳。

坐式八段锦

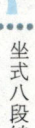

图 4-2-4

第四势　搅玉龙

❀ **动作方法** 见图 4-2-5

　　双腿坐姿不变，双手握固，分别放于腿上。闭唇张牙，舌头伸至牙齿外，至唇根处画大圈搅舌，左右各搅动 9 圈。然后闭合牙齿，使舌头在口腔内牙龈上搅舌画圈，左右各搅动 9 圈。然后用此前生出的唾液鼓漱 36 次，分 3 次咽下，意想送入下丹田。

❀ **技术要点**

　　(1)搅动舌时，速度适中，感觉舌根酸胀疲劳，或脑后部发胀时，可做适当休息再继续；

图 4-2-5

　　(2)搅舌后所生成的唾液，经鼓漱咽下，如果唾液少，可 1 口咽下，如果唾液多可分 3 口，"咕咕"发声吞咽而下，意想送入下丹田，将能量归回下丹田。

错误纠正

舌尖不能达到唇根处搅动。因此，应通过下颌的张合来配合舌的搅动，这样才能保证舌尖伸达唇根处。

功理与作用

功理：

舌在口内转动，可以活动腮腺、下颌腺和舌下腺以及无数散在舌头的小唾液腺，以分泌唾液帮助消化。现代医学认为，唾液能增强免疫功能，能消除致癌物质的毒性，能起返老还童等作用。从中医的角度看，舌和脏腑经络有密切的关系。舌为心之苗，心病都与舌有关；脾经连于舌根，散于舌下；肾经也通舌根；肝经行颊里环绕口唇；喉咙发音更离不开肺气；舌的活动还牵扯到任脉。所以说，舌的活动对脏腑的一切疾病都有补益。

作用：

（1）有助于消化系统的健康，对口腔溃疡的预防有显著作用；

（2）搅舌能按摩牙龈，刺激唾液分泌的增加，滋润肠胃，有助于改善脾胃功能以及防止口苦、口臭等；

（3）唾液有消毒功能，鼓漱可以清洁口腔。

第五势　摩肾俞

动作方法 见图 4-2-6

坐姿不变，双手搓热、双掌快速后移，按住后腰肾俞穴（即两侧腰眼，在第二腰椎棘突下，旁开 5 厘米处），双手同时用力从上向下，从外向里的方向作环形转动按摩，按摩 36 次使腰部发热。再将腰部之火热，用意念运至下丹田，使丹田发热。

图 4-2-6

技术要点

从外向里的方向作环形转动按摩为顺转（此为补法，反之为泻法），不可逆转。肾俞穴宜补不宜泻，转动时要注意。

错误纠正

按摩转动的方向错误。因此，应牢记双手应"从上向下，从外向里"的方向作环形转动按摩。

功理与作用

功理：

现代医学研究证明，按摩腰部既可使局部皮肤里丰富的毛细血管网扩张，促进血液循环，加速代谢产物的排出，又可刺激神经末梢，对神经系统的温和刺激，有利于病损组织的修复，提高腰肌的耐力。从中医的角度看，腰眼位居带脉（即环绕腰部的经脉）之中，也是肾脏所在部位，最喜暖恶寒。常按摩腰眼处，能畅达气血，疏通带脉，强健腰肌，固精益肾，延年益寿。

作用：

强腰健肾，疏通带脉。中老年人经常搓腰眼，能防治风寒、肾虚等腰症。久练到老，可腰直不弯。

第六势　转辘轳

动作方法　见图 4-2-7

坐姿不变，双手自腰部移至胸前，臂肘弯曲为 90 度角，五指自然弯曲半握拳。双手自肋部向上划弧如车轮形，像摇辘轳那样自后向前做 18 次，随后再按相反的方向前向后作 18 次环形运动。

技术要点

坐姿不变，躯干坐直，双手半握拳。像摇辘轳那样转动双臂，带动双肩的运动。双手向后运动时吸气，同时两肩胛骨要向后收紧，展肩扩胸，当双手前伸、下拉时呼气。

错误纠正

摇动手臂时，幅度过小，肩部没有绕环运动。因此，练习这一动作时应注意协调用力，强调身体与肩部配合手臂的摇动。

功理与作用

功理：

手臂上的手太阴肺经、手少阴心经、手少阳三焦经等多条经脉经过肩部，通过这一动作的扭转、牵拉，能够对以上各经形成良好的刺激。

作用：

这种摇动不仅对肩部关节及所有肌肉是一种综合锻炼，增加肩部的灵活性，更重要的是对肩部的经络起到很好的锻炼作用，预防和治疗肩周炎。

图 4-2-7

八段锦基本技术

第七势　托天举

动作方法　见图 4-2-8

双腿姿势不变，双手在小腹前交叉，手心向上抬举，到胸部时，小臂内旋，翻掌举头过顶，掌心朝天，目视双手，提肛提腰用力上托，然后双手从体侧落下，在腹前交叉，再次翻举。重复此动作 9 次。这节的动作与站式"双手托天理三焦"相类似，此为坐式。

技术要点

（1）两掌上托要舒展身体，略有停顿，保持抻拉；

（2）两掌下落，松腰沉髋，沉肩坠肘，松腕舒指，上体中正；

（3）呼吸与动作的配合规律是，双手上托时吸气，下落时呼气。

错误纠正

（1）两掌上托时，肩部紧锁。因此，两掌上托过肩时，肩胛骨应逐渐随上举动作而上提，协助上举牵拉身体至最大幅度，感觉把每一节脊柱都拉开。

（2）继续上举时松懈断劲。因此，应注意双手上托时，力在掌根，缓慢举起。

图 4-2-8

功理与作用

功理：

这一式的两手上托，拔伸腰背，提拉胸腹，可以调理三焦，促使全身上下的气机流通，水液布散，从而使周身都得到元气和津液的滋养。

作用：

(1)通过两手交叉上托，缓慢用力，保持抻拉，可使三焦通畅、气血调和；

(2)通过拉长躯干与上肢各个关节周围的肌肉、韧带及关节软组织，对防治肩部疾患，预防颈椎病等具有良好作用。

第八势　攀双足

动作方法　见图4-2-9

接上势，双腿自然前伸，上体坐直，双手放在腿上，全身放松。吸气后，双手沿着双腿上方向前伸，身体前倾，双手够脚，同时逐渐呼气。膝盖不要弯曲，双手攀住脚趾，略做停顿。手随身体回收，同时吸气，气要吸足，重复做24次，再收足端坐或盘坐。

技术要点

(1)手攀到足部时，双脚要用力向后勾，双臂前拉，牵拉背部，如果双手无法攀到双脚，可以尝试运用勾脚，向前尽力伸手臂来代替；

(2)动作与呼吸的配合方法是，双手前伸时呼气，双手回收，身体恢复正坐时吸气。

伸手时，双腿弯曲。因此，应注意完成这一动作时要明确双臂不必非要摸到脚部，只要伸直双腿，双手尽力前伸即可，能够形成对背部的良好牵拉就已达到锻炼目的。

❀ 功理与作用

功理：

此势主要活动的部位是腰腹。双手向前，膀胱经像针灸一样，有酸、麻、胀、热感，形成良好的刺激作用。身体前倾，可以增加腹肌、腰肌力量，牵拉腰背，起到补肾舒经，健脑安神作用。

作用：此势主要起强腰健肾作用，老年人经常练习可使步履稳健，腰手灵活，推迟老年现象的发生。

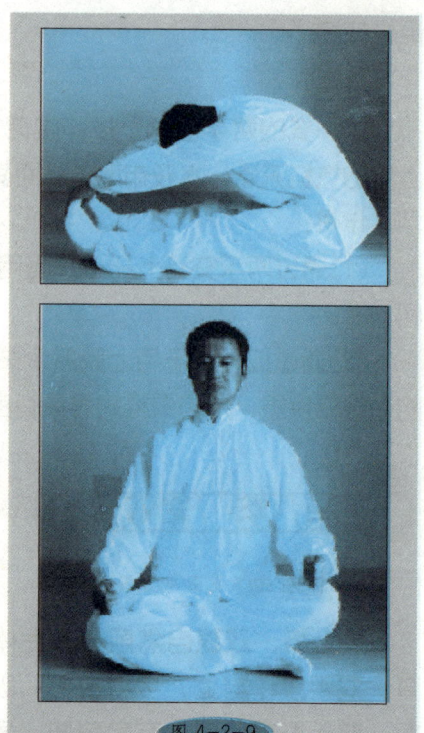

图 4-2-9

❀ 动作方法　见图 4-2-10

接上势，身体姿势不变。再次搅舌数次，把生出的唾液咽下，送至下丹田。如果下丹田已热，将热传遍全身，身体轻轻摆动转动，然后收功。如果下丹田没有热，则意守下丹田 2~3 分钟，然后收功。

❀ 技术要点

搅舌，吞津液，放松，意守下丹田 2~3 分钟，然后收功。

❀ 错误纠正

(1)急于起身，做其他事情，这是一个易犯的错误。因此，应注意练完功后全身放松，意想下丹田持续 2~3 分钟，然后再开始其他的运动。

（2）刻意追求下丹田热。因此，应该明确丹田热是自然而然生成的现象，不可刻意追求。这一现象的出现是在身体健康的基础上经过一定时间积累而形成的。

图 4-2-10

🌸 功理与作用

功理：

对丹田热不可刻意追求，讲的是这个部位有感觉就守，没感觉就不要空守。注意力过分集中，大脑也会因紧张产生疲劳，要"似守非守"，可守可不守。如果有了某些感觉，内气在流动，就"意随气行"，无需再守这一固定部位。如果出现某些幻觉、幻视、幻听、幻想，只需看作是大脑某些潜意识的反射，任其自去，则极少有"走火入魔"现象。

作用：

调理身体，使身心趋于平静，进一步巩固锻炼所收到的功效。

第五章　易筋经的基本技术

学习和掌握易筋经的基本技术是练习全套动作的基础，对养心健体有很好的辅助作用。练习者根据自己的实际情况灵活选择各势动作的幅度或重心的高低，应遵循由易到难、由浅到深、循序渐进的原则。

第一节

基本手形

易筋经的基本手形包括握固、荷叶掌、柳叶掌、龙爪、虎爪。

握固

动作方法 见图5-1-1

（1）握固是道教养生修炼中常用的一种手式，其方法为以大拇指抵掐无名指根节，余四指握大拇指成拳，仿胎儿之状，男左女右；

（2）这种手式有促使心气归一、辟邪毒之气的作用。

技术要点

两手当屈，两大拇指抵食指根，余四指捻定大拇指，是为两手握固。

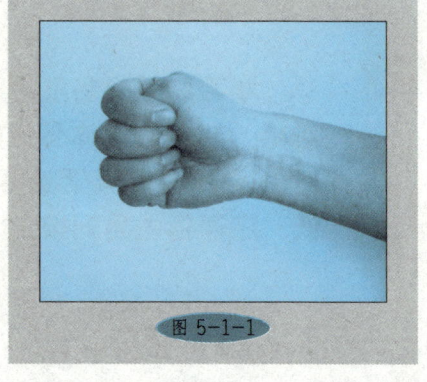

图5-1-1

荷叶掌

动作方法 见图5-1-2

五指伸展、张开，类似荷叶状。手掌自然，五指略屈分开，掌心内凹，虎口撑圆。手指不可僵直，也不可太过弯曲。

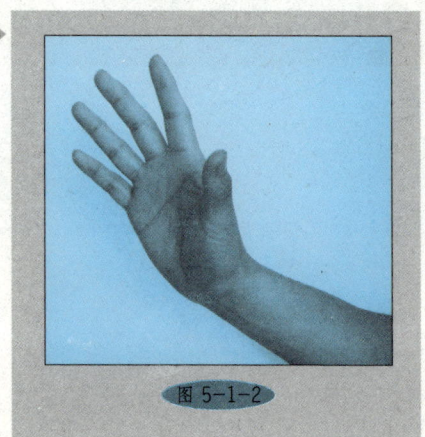

图5-1-2

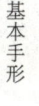

❀ **技术要点**

五指伸直，大拇指向掌心略屈，无名指、小指略用力向掌心屈，食指和中指向手背后跷，挺住手腕，使掌势自然而起。

❀ **动作方法** 见图 5-1-3

五指伸展、并拢，五指可略内卷。

❀ **技术要点**

五指尽量伸展，指根用力外撑以凸出，除拇指外的其余四指可内裹跷起，类似陈式太极拳的掌形，后跷内卷时四指尽量并拢。

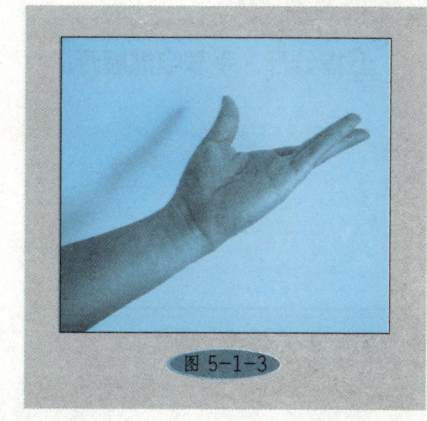

图 5-1-3

❀ **动作方法** 见图 5-1-4

五指略张开，第二、三节指骨略弯曲，腕关节略向上屈。

❀ **技术要点**

拇指与其余四指分开，各指内屈，食指与中指尽量后跷。

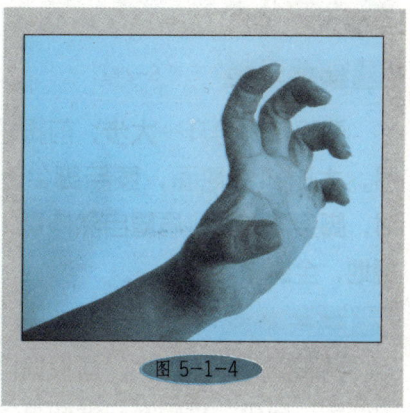

图 5-1-4

 **虎爪**

动作方法　见图 5-1-5

五指略张开，第二、三节指骨略弯曲，第一节指骨尽量向手背一面伸张，使掌心凸出，腕略屈。

技术要点

五指分开，手掌自然展开。

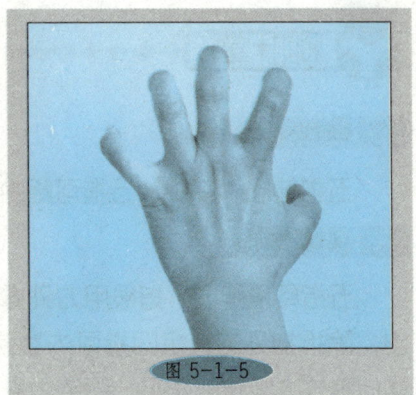

图 5-1-5

第二节

基本步形

易筋经的基本步形包括弓步、丁步、马步等。

 **弓步**

动作方法　见图 5-2-1

两腿前后分开一大步，前腿屈膝前弓，大腿斜向地面，膝与脚尖上下相对，脚尖略内扣，后腿自然伸直，脚跟蹬地，全脚掌着地。

技术要点

两腿间距不宜过大，可根据自身情况而定。另外，后腿在自然伸直的过程

图 5-2-1

中，臀部不能凸起，避免造成重心的不稳定而使锻炼效果下降。

丁步

动作方法 见图 5-2-2

两脚左右分开，间距约 10～20 厘米，两腿屈膝下蹲，前腿脚跟提起，脚尖着地，虚点地面，置于后脚足弓处，后腿全脚掌着地踏实。

技术要点

两脚间距不要过大，虚实分明，重心放在后腿，身形保持自然中正，不可前俯后仰。

图 5-2-2

基本手形

马步

动作方法 见图 5-2-3

两脚左右开立约三脚半的距离，下蹲，大腿接近水平，两脚尖平行朝前，身形中正，不可凸臀。

技术要点

开步站立，根据自身功力的深浅，两脚间距离可自由选择，以达到锻炼效果为目的。屈膝半蹲，大腿略高于水平。

图 5-2-3

第六章　易筋经的套路

　　易筋经是一种健身气功方法，练习此方法，有助于调理人的五脏六腑、十二经脉、奇经八脉及全身经脉，从而达到保健强身，防病治病，抵御早衰，延年易寿的目的。

第一节
韦驮献杵势

韦驮献杵势共三势五个动作，是整个易筋经的基础和良好开始，关系到整个功法的习练效果。

目的与作用

"韦驮献杵势"是"健身气功·易筋经"全套动作的起始阶段。整个动作从静定到运动，逐步活动开来，是开启经络气机的过程，具有承前启后的作用。在这一过程中，轻松、柔和、缓慢、对称与平衡应贯穿始终，可敛气定神、疏通经络改善气血运行和促进全身的血液循环。这三势的动作做到了位，就为顺利过渡到以后各势做好了准备。从这个意义上说，"韦驮献杵势"动作完成的质量，一定程度上关系到整个动作的习练效果。

韦驮献杵第一势

预备桩功

动作方法 见图6-1-1

（1）两脚平行站立，与肩等宽，双膝略屈，两臂自然下垂于身体两侧，十指自然并拢略屈，两眼平视前方，继而放松，轻轻闭合，眼若垂帘。心平气和，神能安祥，洗心涤滤，心澄貌恭。

（2）全身自上而下头颈、肩、臂、胸、腹、臀、大腿、小腿、脚依次放

图6-1-1

松，躯体各关节及内脏放松，做到身无紧处，心无杂念，神意内收。继而再做内观放松，神意内收，导引气血内观泥丸，自觉头脑清新，清莹如晨露。引气下行，内观咽喉，自觉颈项放松。引气下行，内观小丹田，自觉心胸开阔，神清气爽。引气下行，内观脾骨，自觉中焦温润，胃脘舒适。引气下行，内观下丹田，自觉命门相火温煦，元气充沛，腹内暖意融之。引气下行，内观会阴，自觉会阴放松。引气沿两腿内侧下行，内观涌泉，自觉无限生机自足下涌出。

 **技术要点**

要注意定心息气立身中正，气定神敛，心澄貌恭，身体立定，心存静极。

错误纠正

提踵幅度不宜过大，超出了自己的正常承受能力，力量变化不匀称，用力过猛，身体晃动明显，脚出现抖动。因此，在习练时应遵循缓慢、连贯、柔和的原则，防止和克服耸肩抬肘等错误动作，维持身体平衡。

拱手当胸

动作方法 见图 6-1-2

（1）左足向左平跨一步，两足之距约当肩宽，足掌踏实，两膝略松，两臂徐徐前举，掌心相对与肩等宽，两臂平直，再屈肘，肘节自然向下提坠，两手慢慢内收，距胸约一拳；

（2）两手指尖相叠，拇指轻触，掌心向内，松肩，平肘，掌心相合，两手环拱，手指对胸，中指平喉结，要求肩、肘、腕在同一水平面上。

图 6-1-2

此时要求沉肩坠肘，含胸拔背，气沉丹田，舌抵上腭，面略带笑，两臂环抱如拱手当胸。

※ 错误纠正

提踵幅度不宜过大，超出了自己的正常承受能力，力量变化不匀称，用力过猛，身体晃动明显，脚出现抖动。因此，在习练时应遵循缓慢、连贯、柔和的原则，防止和克服耸肩抬肘等错误动作，维持身体平衡。

韦驮献杵第二势

※ 动作方法 见图6-1-3

（1）接上势，翻转掌心向下，指尖相对，在体前缓缓下按至小腹前，同时引气下导；

（2）两掌左右分开，翻转掌心朝上，缓慢上抬呈侧平举，意念在无限远处，两手略高于肩，两眼平视前方，极目远眺，舌尖放下平铺，松腰松胯，两足趾抓地，似要生根之状，全身放松，心平气和，排除杂念，摒弃诸缘，注意足趾抓地，两手平开，心平气静。

图6-1-3

※ 技术要点

（1）两足分开，其距约当肩宽，足掌踏实，两膝略松，直腰收臀，含胸蓄腹，上肢一字平开，掌心向地，头如顶物，两目前视，把两掌掌心向下，顺着左右的方向，从合十当胸的架子，向左右外开，与肩相平行，开成个一字形，这架子名字叫做"横担降魔杵"；

（2）这时会自觉两肩沉重，如负重担似的，一面把后踵升起，脚尖点地，功夫深了，只用脚大拇趾点地，其余四趾是凭空离地的，这种动作，必须配合两掌左右外开的运行，上下同时动作，不可参前落后；

（3）在这个动作当中，心念一定要寄托在掌心和足趾尖，才能做到心平气静的境界，心平气静在外面的待征，是目瞪口呆的样子，如果目瞬则视乱，口动则气粗，那就作用相反，而脚尖点地，必然站立不稳，飘摇欲坠了。

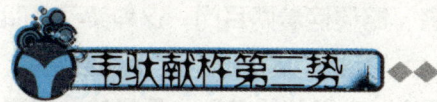 **错误纠正**

提踵幅度过大，超出了自己的正常承受能力，力量变化不匀称，用力过猛，身体晃动明显，脚出现抖动。因此，在习练时应遵循缓慢、连贯、柔和的原则，防止和克服耸肩抬肘等错误动作，维持身体平衡。

韦驮献杵第三势

动作方法 见图 6-1-4

（1）掌托天门目上举，接上势，两臂上举，掌心相对，翻转掌心向上，十指相对，舌抵上腭，仰面观天，眼看九天之外，脚跟提起，足尖着地，两足分开，其距约当肩宽，足尖着地，足跟提起，腿直，蓄腹收臀，两掌上举高过头顶，掌心朝天，四指并拢伸直，拇指与其余四指分开约呈直角，两中指之距约为 3 厘米，沉肩，肘略曲，仰头，目观掌背，舌抵上腭，鼻息调匀；

图 6-1-4

（2）俯掌贯气，两掌心翻转朝下，肘略屈，头正，眼平视前方，舌尖放下，两掌在身前缓缓下按至小腹前，神意自九天之外收回，自头顶百会穴透入，经咽喉、脊髓至尾闾，沿两腿直达涌泉，下导时，足跟随之着地，收势时两掌变拳，旋动前臂，使拳背向前，然后上肢用劲，缓缓将两拳自上往下收至腰部，拳心向上，收拳同时足跟随势缓缓下落，两拳至腰时，

两足跟恰落至地。

技术要点

（1）掌托天门目上观，足尖着地立身端，力周腿胁浑如植，咬紧牙关不放宽，舌可生津将腭抵，鼻能调息觉心安，两拳缓缓收回处，用力还将挟重看；

（2）顺着"横担降魔杵"一字形的架子，两手继续向上做半个圆周的动作，同时两掌随着胳臂向上做半圆的当中，把"阴掌"缓缓翻成"阳掌"（掌心向上），令两掌心朝天，两掌的中指略接触，宜对"天门"（前额发际内二寸），这时两个胳臂已变成平行笔直，略偎傍着两耳门，这种架子名叫"掌托天门"，同时用"眼根"的意识向上"内视"，从"天门"观看到两掌，注意不可仰头真的用眼去看，误用"观法"必然头晕脑涨，而且站立不稳了；

（3）在做动作的同时，还须用脚尖点地，继续升起后踵，以不能再升高为度，后踵须略向两外侧分开些，架子会自然站立稳固，紧接着上述动作，把左右六个大牙齿略咬着，缓缓咬紧运气，自觉咬紧牙关之后，耳根震动，上及两鬓为度，同时舌头略接触上腭，承接津液，含在口内，呼吸由口呼口吸，改为鼻呼鼻吸，把息调匀，调到细而且长，以达到绵绵不断的标准。

错误纠正

提踵幅度不宜过大，超出了自己的正常承受能力，力量变化不匀称，用力过猛，身体晃动明显，脚出现抖动。因此，在习练时应遵循缓慢、连贯、柔和的原则，防止和克服耸肩抬肘等错误动作，维持身体平衡。

第二节
摘星换斗势

摘星换斗势包括屈膝、提足跟、勾手上提等动作，以腰带肩，意有腰间，收敛真气。

通过身体的斜向运动，以腰带肩臂，意存腰间，收敛真气，锻炼肩颈达到固腰健肾的功效。

动作方法 见图 6-2-1

（1）右足略向右前方移步，与左足呈斜八字形（右足跟与左足弓相对，相距约一拳），身体向左略侧；

（2）屈膝，提右足跟，身向下沉呈右虚步，两上肢同时动作，左手握空拳置于腰后，右手指掌握如钩状下垂于裆前；

（3）右勾手上提，使肘略高于肩，前臂与上臂近乎直角，钩手置于头之右前方；

图 6-2-1

（4）松肩，屈腕，肘向胸，钩尖向右，头略偏，目注右掌心，舌抵上腭，含胸拔背，直腰收臀，小腹含蓄，紧吸慢呼，使气下沉，两腿前虚后实，前腿虚中带实，后腿实中求虚，左右两侧交替锻炼，姿势及要求相同。

技术要点

从掌内注双眸，鼻端吸气频率调息，用力收回左右眸。

错误纠正

转身时膝关节随着扭转，两肩不平、歪斜。因此，做动作时要以腰带肩。

第三节

倒曳九牛尾势

倒曳九牛尾包括马步、抱球、左右平推等动作，以使背部得到锻炼。

目的与作用

以脊柱为轴左右旋转，通过腰的扭动带动肩胛和手指活动可使背部得到锻炼，改善软组织的血液循环提高身体协调性。

技术动作

动作方法 见图 6-3-1

（1）左腿向左平跨一步（其距比两肩略宽），两足尖内扣，屈膝下蹲呈马步，两手握拳由身后划弧线形至裆前，拳背相对，拳面近地，随势上身略前俯，松肩，直肘，昂头，目视前方；

（2）两拳上提至胸前，由拳化掌，呈抱球势，随势直腰，肩松肘曲，肘略低于肩，头端平，目视前方；

（3）旋动两前臂，使掌心各向左右（四指并拢朝天，拇指外分，呈八字掌，掌应挺紧），随势运劲徐徐向左右平推（分）至肘直，松肩，直肘，腕背屈，腕、肘、肩相平；

（4）身体向右侧转，呈右弓左箭势（面向左方），两上肢同时动作，右上肢外旋，屈肘约呈半圆状，拳心对面，双目观拳，拳高约与肩平，肘不过膝，膝不过足尖；左上肢内旋向后伸，拳背离臀，肩松，肘略屈，两上肢一前（外旋）一后（内旋）作螺旋劲，上身正直，塌腰收臀，鼻息调匀，左右两侧交替锻炼，姿势相同。

图 6-3-1

技术要点

两腿后伸前屈，小腹运气放松，用力在于两膀，观拳须注双目。

（1）左脚向左侧迈出一步呈左弓步。同时，左手握拳上举，拳略过头顶，拳心向内，屈肘。前臂与上臂所呈角度略大于直角。肘不过膝，膝不过足，呈半圆形，两腿观左拳。右手握拳，直肘向后伸展，拳心向后，前后两拳呈绞绳状，称为螺旋劲。松肩，两肩要平而顺达。背直，塌腰收臀，胸略内含，藏气于小腹，鼻息调匀，舌尖轻抵上腭。

（2）导气下达，两拳放松呈半握拳状。舌尖自上腭放下，肩、腰放松，左手劳宫穴发气，闭目。气自天目穴遂入，依次贯穿脑髓、脊髓、两腿骨髓，直达两脚涌泉穴。

（3）与（4）转身向右，与前式相同，唯左右相反。

错误纠正

脊柱旋转不充分。因此，在做此动作时要注意以腰带肩并体现前拉和后拽。

第四节
出爪亮翅势

出爪亮翅势包括两手抄抱、旋腕支撑、仰掌上托等动作，能达到抻筋拔骨之目的。

目的与作用

通过水平的前推后引，来抻筋拔骨。改善呼吸功能和全身气血。

技术动作

动作方法 见图6-4-1

（1）左腿向左平跨一步，两足之距比肩略宽，足尖内扣，屈膝下蹲呈马步，两手叉腰，腰直胸挺，后背如弓，头端平，目前视；

（2）两手由后向前抄抱，十指相互交叉而握，掌背向前，虎口朝上，肘略屈曲，肩松，两上肢似一圆盘处于上胸；

（3）由上势，旋腕转掌，两掌心朝前，运动上肢，使两掌向左右（划弧线）而下，由下成仰掌沿腹胸之前徐徐运劲上托，高不过眉，掌距不大于两肩之距；

图6-4-1

（4）旋腕翻掌，掌心朝地，两掌（虎口朝内）运劲下按（沿胸腹之前）成虚掌置于膝盖上部，两肩松开，肘略屈曲，两臂略向内旋，前胸略挺，后背如弓，头如顶物，双目前视。

❋ 技术要点

挺身兼怒目，握手向当前，用力收回处，功须七次全。

(1)握拳护腰由第一势预备桩功，上身前俯，两臂在身前松垂，两手握拳，由身前缓缓提起，置于腰间，拳心朝上。同时配合顺气，身直胸展，舌尖轻抵上腭，青少年、年轻力壮或以增强力量为目的者，提起握紧拳。

(2)两拳变掌，缓缓向前推出，至终点时掌心朝前，坐腕屈指，高与肩平，两眼平视指端，延展及远。

(3)松腕，虚掌，十指略屈，屈肘，两手缓缓向胸胁收回，势落如海水还潮，两眼轻闭，舌尖轻抵上腭，配以缓缓吸气。

(4)松肩，掌心朝地，肘略屈，前胸略挺，目视前方。

❋ 错误纠正

(1)做牵拉动作时用力不均匀。因此，应逐渐用力，由小渐大；

(2)瞪眼睛突然。因此，应慢慢睁大张圆。

第五节

九鬼拔马刀势

九鬼拔马刀势包括两臂叉掌、俯掌下覆、手项争力等动作，可锻炼脊椎。

目的与作用

在身体旋转开合的基础上，重点锻炼脊椎。有助于改善关节肌肉的活动功能。

技术动作

动作方法 见图 6-5-1

（1）足尖相衔，足跟分离成八字形，腰实腿坚，膝直足霸，同时两臂向前呈叉掌立于胸前；

（2）运动两臂，左臂经上往后，呈勾手置于身后（松肩，直肘，钩尖向上），右臂向上经右往胸前（松肩，肘略屈，掌心向左，略向内凹，虎口朝上），掌根着实，蓄劲于指；

（3）右臂上举过头，由头之右侧屈肘俯掌下覆，使手抱于颈项，左手勾手化掌，使左掌心贴于背，并在许可范围内尽可能上移；

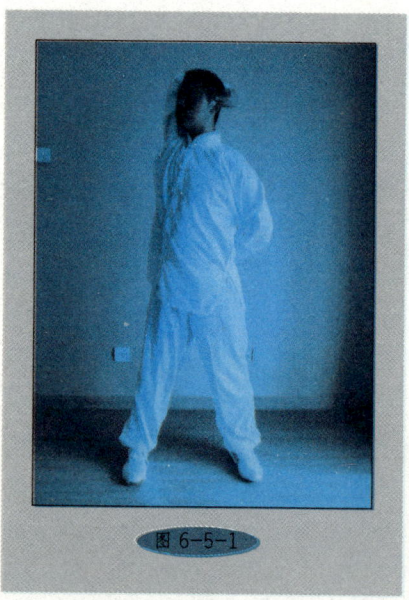

图 6-5-1

（4）头用力上抬，使头后仰，上肢着力，掌用劲下按，使头前俯，手、项争力，挺胸直腰，腿坚脚实，使劲由上贯下至踵，鼻息均匀，目略左视；

（5）运动两臂，左掌由后经下往前，右上肢向前回环，左右两掌相叉立于胸前，左右交换，要领相同。

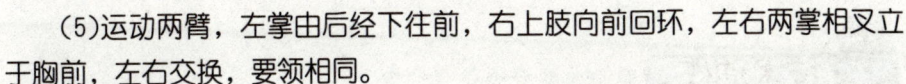

❋ **技术要点**

侧首弯肱，抱顶及颈，自头收回，弗嫌力猛，左右相轮，身直气静。

（1）右手后背，掌心朝外，置于腰部。左手上举过头，屈肘贴枕部抱头，手指压拉右耳，左腋张开。同时头颈腰背拧转向左后方，眼看右足跟。舌尖轻抵上腭，略停片刻。

（2）拧身复正，侧头上观。两眼延展及远。舌尖轻抵上腭，身直气静。两手沿体前缓慢下落，恢复预备桩功。

（3）～（6）与前式相同，唯左右相反。

❋ **错误纠正**

在做左右对拔拉伸时，用力不充分，造成局部锻炼效果不明显。因此，在做牵拉引伸时左右用力要均匀合适，避免对拉不对称。

第六节

三盘落地势

三盘落地势包括腿部和全身动作，配合吐气发音，可强腰固背。

目的与作用

注重腿部运动与全身动作的协调，而且要配合动作进行吐气发音，以达内外身心和谐统一，具有强腰固肾的作用。

技术动作

动作方法 见图6-6-1

（1）左腿向左平跨一步，两足之距较肩为宽，足尖内扣，屈膝下蹲成马步，两手叉腰，腰直胸挺，后背如弓，头端平，目前视；

（2）两手由后向前抄抱，十指相互交叉而握，掌背向前，虎口朝上，肘略屈曲，肩松，两上肢似一圆盘处于上胸；

图6-6-1

（3）由上势，旋腕转掌，两掌心朝前，运动上肢，使两掌向左右划弧线而下，由下呈仰掌沿腹胸之前徐徐运劲上托，高不过眉，掌距不大于两肩之距；

（4）旋腕翻掌，掌心朝地，两掌（虎口朝内）运劲下按（沿胸腹之前）成虚掌置于膝盖上部，两肩松开，肘略屈曲，两臂略向内旋，前胸略挺，后背如弓，头如顶物，双目前视。

技术要点

上腭坚撑舌，张眸意注牙，足开蹲似踞，手按猛如拿，两掌翻齐起，千斤重有加，瞪睛兼闭口，起立足无斜。

（1）同第一式预备桩功，屈腰下蹲，同时两掌分向身侧胯旁，指尖朝向左右侧方（略略偏前），虎口撑圆，眼看前方，延展及远。上虚下实，空胸实腹，松腰敛臀，气蓄小腹。要做到顶平、肩平、心平气静。练虚静功者可闭目敛神，铜钟气功即脱胎于此式，故亦可做单独桩法练之。

（2）两腿伸直，翻掌托起，如托千斤。同时吸气，舌抵上腭，眼向前平视，全身放松。俯掌屈膝下按（恢复马步蹲按），配以呼吸，如此反复蹲起3次。年轻体壮者则宜全蹲，站起宜缓，同时握拳上提。

下蹲动作与发音相同不同步。因此，应注意在练习时多加配合，以使肢体动作与发音同步，从而达到更好的锻炼效果。

第七节
青龙探爪势

青龙探爪势包括仰掌护腰、掌高过顶、俯身探腰等动作，可以改善腰和下肢肌肉的活动功能。

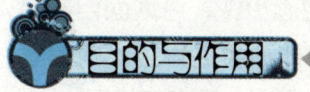
目的与作用

通过上体的左右旋转和前屈，可使两肋松紧和开合，可以改善腰部和下肢肌肉的活动功能。

技术动作

动作方法 见图 6-7-1

（1）左腿向左平跨一步，两足之距约当肩宽，两手成仰拳护腰势，身立正直，头端平，目前视；

（2）左上肢仰掌向右前上方伸探，掌高过顶，随势身略向右转侧，面向右前方，目视手掌，松肩直肘，腕勿屈曲，右掌仍作仰拳护腰势，两足踏实勿移；

（3）由上势，左手大拇指向掌心屈曲，双目视大拇指；

图 6-7-1

（4）左臂内旋，掌心向下，俯身探腰，随势推掌至地，膝直，足跟不离地，昂首，目前视；

（5）左掌离地，围左膝上收至腰，成两仰掌护腰势，如动作（1），左右手交替前探，要领相同。

技术要点

青龙探爪，左从右出，修士效之，掌平气实，力周肩背，围收过膝，两目平注，息调心谧。

（1）上身略俯，两手握拳，缓缓自身前提起，置于腰间，拳心朝上，同时配合吸气。舌尖轻抵上腭。右拳以拳面抵于章门穴，左拳变掌上举过头，腰身缓缓屈向左侧，使左腰充分收缩，右腰极度伸展。掌心朝下，舌尖轻抵上腭，自然呼吸，眼看左掌。

（2）屈膝下蹲，左手翻转掌心朝上，手背离地面少许，沿地面自左方，经前方划弧至左脚外侧；右拳变掌落下，同时身体亦随之转正，两握拳。直立，左掌同时提置左章门穴。右手动作与左手动作同，唯左右相反。

错误纠正

掌、上肢和腰的动作不协调。因此，应该注意上肢仰掌动作和上体旋转、前屈动作的协调。

第八节
卧虎扑食势

卧虎扑食势包括左右仆腿、左右弓箭、俯腰按掌等动作，具有强健腰腿功能。

目的与作用

对脊柱锻炼强度较大，练习者要循序渐进，可活动关节，调和全身气血，可起到强健腰腿的功效。

技术动作 ◆◆◆◆◆◆◆◆

动作方法 见图 6-8-1

（1）右腿向右跨出一大步，屈右膝下蹲，呈左仆腿势（左腿伸直，足底不离地，足尖内扣），两掌相叠，扶于右膝上，直腰挺胸，两目略向左视；

（2）身体向左侧转，右腿挺直，屈左膝，呈左弓右箭势，扶于膝上之两掌分向身体两侧，屈肘上举于耳后的两旁，然后运劲使两掌徐徐前推，至肘伸直，松肩，腕背屈，目视前方；

图 6-8-1

（3）由上势，俯腰，两掌下按，掌或指着地，按于左足前方的两侧（指端向前，两掌之距约为肩宽），掌实，肘直，两足底不要离地，昂首，目前视；

（4）右足跟提起，足尖着地，同时在前之左腿离地后伸，使左足背放于右足跟上，以两掌及右足尖支撑身体，再屈膝（膝不可接触地面），身体缓缓向后收，重心后移，蓄劲待发。足尖发劲，屈曲之膝缓缓伸直，两掌使劲，使身体徐徐向前，身体应尽量前探，重心前移，最后直肘，昂起头胸，两掌撑实，如此三者连贯进行，后收前探，波浪形地往返进行，犹如卧虎扑食，左右交换，方法同左侧。

技术要点

两足分蹲身似倾，屈伸左腿相更，昂头胸作探前势，偃背腰还似砥平，鼻息调元均出入，指尖着地赖支撑，降龙伏虎神仙事，学得真形也卫生。

（1）上身略俯，两手握拳，缓缓自身前提起，经腰间肘掌心朝上，身直胸展。上动不停，两拳顺着胸部向上伸至口手，拳心转向里，同时屈膝、屈胯、略蹲蓄势，配以深长吸气。

（2）左脚踏前一步，顺势呈左弓步，同时臂内旋变掌向前下扑伸，掌高与胸齐，眼视两手。在扑伸的同时发"哈"声吐气。上动不停，身体前倾，

卧虎扑食势

093

腰部平直，将胸中余气呼尽，顺势两手分按至左脚两侧。头向上略抬，两眼平视及远。极目远眺。前两个动作要协调一致。两脚不动，起身后坐同时两手握拳，沿左腿上提。其他动作与前述之动作同。如此共扑伸 3 次，左脚收回，右弓步动作与左弓步同，唯左右相反。

错误纠正

动作幅度偏小。因此，应挺胸抬头，充分牵拉腰腹肌肉。

第九节
打躬势

打躬势包括掌心抱持后脑、弯腰前俯马步等动作，可拔伸脊椎。

目的与作用 ◆◆◆◆◆◆◆

通过肢体的前后舒卷，达到脊椎的节节拔伸，可以充分锻炼脊柱，强身健体。

技术动作 ◆◆◆◆◆◆◆

动作方法 见图 6-9-1

（1）左腿向左平跨一步，两足之距比肩宽，足尖内扣，两手仰掌徐徐向左右而上，呈左右平举势，头如顶物，目向前视，松肩直肘，腕勿屈曲，立身正直，腕、肘、肩相平；

（2）由上势屈肘，十指交叉相握，以掌心抱持后脑，不要挺胸凸臀；

（3）由上势，屈膝下蹲成马步；

（4）直膝弯腰前俯，两手用力使头尽力向胯下，两膝不得屈曲，足跟不要离地。

易筋经的套路

技术要点

两手齐持脑，垂腰至膝间，头唯探胯下，口更齿牙关，掩耳聪教塞，调元气自闲，舌尖还抵腭，力在肘双弯。

(1)两臂展直，自身侧高举过头，仰面观天，头颈正直，屈肘两手抱后脑，掌心掩耳，两肘张开，与肩平行；

(2)上身前俯成打躬状，头部低垂，大约至两膝前方，两膝勿屈，略略呼吸，掌心掩耳，两手以指（食、中、无名指）交替轻弹后脑（风池穴附近）各 36 次；

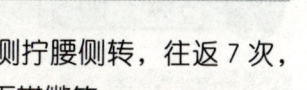

图 6-9-1

(3)缓缓伸腰站直，先左侧拧腰侧转，再向右侧拧腰侧转，往返 7 次，两脚勿移，腰直目松，膝直不僵，舌尖自然放下，面带微笑；

(4)在身体转至正中后，抬起脚跟，同时两手自脑后高举过头，仰掌呈擎天状，躯体充分舒展，并配合吸气。

错误纠正

在做脊椎节节拔伸时低头含胸。因此，应注意抬头挺胸，做到脊柱的充分牵拉。

第十节
掉尾势

掉尾势包括旋腕反掌上托、仰身后弯、推掌至地等动作，可调合气脉。

目的与作用

体前屈伸和左右转头扭臀运动可调和全身气脉，改变各部关节和肌肉的功能。

技术动作

✿ **动作方法** 见图6-10-1

（1）两手仰掌由胸前徐徐上举过顶，双目视掌，随掌上举而渐移，身立正直，勿挺胸凸腹；

（2）由上势，十指交叉而握，旋腕反掌上托，掌心朝天，两肘欲直，目向前平视；

（3）由上势，仰身，腰向后弯，上肢随之而往，目上视；

（4）由上势俯身向前，推掌至地，昂首瞪目，膝直，足跟不离地。

图6-10-1

✿ **技术要点**

膝直膀伸，推手至地，瞪目昂头，凝神一志，起而顿足，二十一次，左右伸肱，以七为志，更作坐功，盘膝垂眦，口注于心，息调于鼻，定静乃起，厥功维备。

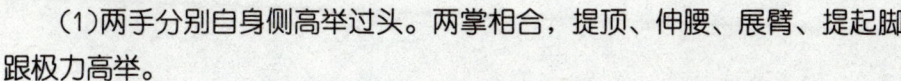

（1）两手分别自身侧高举过头。两掌相合，提顶、伸腰、展臂、提起脚跟极力高举。

（2）脚跟落地，两脚踏实，同时两掌落至胸前。十指交叉翻转，掌心朝外，两臂也随之前伸，展直。翻掌朝下，在身前徐徐下降至裆的部位后，弯腰前俯，继续下按至地。膝不可屈，如有未达，不可勉强。下按至终点时，昂头，舌抵上腭。如此俯仰躬身重复举按 3～5 次。天长日久，掌可逐渐靠近地面，则腰身柔若童子。

（3）转腰向左方，两脚不移，仅左脚步变虚，右腿变实，右膝略屈。同时两手保持交叉状态，沿地面划弧移至左脚外侧。两臂保持伸展，自左方高举转头，掌心朝上，仰面观天，拧腰 180 度转向右方，徐徐弯腰右方俯身，下按至右脚步外侧。如未达到，不可勉强，可继续俯仰 3～5 次，然后逐渐靠近地面。

（4）最后一次下按右脚外侧时，伸舒腰身两臂随之高举过头。继之拧腰转身至正前方。两掌相合，徐徐降至胸前。两掌缓缓分开，十指相对，下按，两手分开，自然下垂于两胯旁，恢复成预备桩功势。

掉尾势

错误纠正

在俯身用手触地时容易膝盖弯曲。因此，要根据自身的实际情况调整动作幅度的大小。

第七章　比赛规则

　　制定各项运动的比赛规则,有助于比赛参与者了解运动规则的基本知识,以使自己在比赛过程中游刃有余地发挥技术水平。比赛观赏者也只有在了解基本规则的前提下,才能够充分体验观赏比赛的乐趣。

第一节

比赛方法

参赛队员要按照一定的方法进行比赛，并须遵循一定的规则，以使比赛有序进行。

 比赛安排

比赛类别有个人赛、集体赛和团体赛三种。

确定顺序

参赛队员通过抽签来决定比赛顺序。

赛前检录

参赛队员在赛前 30 分钟到达指定地点报到，参加第一次检录，赛前 10 分钟进行第二次检录，未能按时参加检录和上场比赛者按弃权处理。

向裁判长施礼

参赛队员听到上场点名和完成比赛后，应向裁判长施礼。

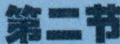

第二节
裁判方法

在比赛过程中，裁判人员通过履行其职责，进行正确的裁判工作，来保证比赛的公平、公正。

裁判人员

组成

(1)总裁判长 1 名，副总裁判长 1～2 名；

(2)裁判长 1 名，A 组裁判员 3 名，B 组裁判员 3 名；

(3)编排记录长 1 名；

(4)检录长 1 名。

组成

(1)总裁判长负责组织比赛的全部裁判工作，检查落实比赛前各项准备工作，保证比赛规则的执行，有权纠正裁判人员的错误，审核并宣布比赛成绩，负责大会的裁判工作总结；

(2)副总裁判长协助总裁判长工作，在总裁判长缺席时代行总裁判长职责；

(3)裁判长负责组织具体的裁判工作，并按规则规定进行扣分；

(4)A 组裁判员负责队员动作规格评分，B 组裁判员负责队员演示水平评分；

(5)编排记录长负责审查报名表及相关材料，编排比赛秩序册，审核比赛成绩及比赛名次排列等；

(6)检录长按照比赛顺序及时进行检录，检查上场队员服装、核对号码，引导队员入场，向裁判长报送队员检录表。

裁判方法

易筋经比赛采取 A 组裁判员扣分、B 组裁判员给分和裁判长扣分相结合的评分方法。满分为 10 分，其中动作规格初始分为 5 分，演示水平最高分为 5 分。

动作规格分由 A 组裁判员以扣分的方式给出，下列错误类型每出现一次扣 0.1 分，扣分累计不得超过 4 分(含 4 分)。同一错误在同一动作中出现多次，同一动作出现多种错误或多人次在同一动作中出现错误，累计扣分最高为 0.4 分。

(1)动作类。动作不符合功法规格标准，不规范的口形和发音。

(2)平衡类。不属规范动作内的肢体移动、晃动。

(3)呼吸类。明显的气喘或憋气。

(4)神态类。意念不集中的分神、走神。

(5)其他类。遗忘动作，动作与背景音乐不合拍。

演示水平分有 3 个档次，每个档次分为 3 级，共分 9 个分数段。B 组裁判员的给分方法是，先确定给分的档次再确定给分的级别，最小给分单位为 0.05 分。

演示水平评分 见表 6-2-1

表 6-2-1　演示水平评分标准

档　次	级　别	分　数
优秀	1 级	5.00～4.80
	2 级	4.75～4.50
	3 级	4.45～4.10
良好	1 级	4.00～3.80
	2 级	3.75～3.50
	3 级	3.45～3.10
一般	1 级	3.00～2.80
	2 级	2.75～2.50
	3 级	2.45～2.10

评判标准

（1）凡动作规范、呼吸顺畅、意念集中、演示神韵与项目规格标准及特点融合、动作和队形整齐、动作与背景音乐和谐一致者，视为优秀；

（2）凡动作较规范、呼吸较顺畅、意念较集中、演示神韵与项目规格标准及特点较融合、动作和队形较整齐、动作与背景音乐配合较一致者，视为良好；

（3）凡动作不规范、呼吸不顺畅、意念不集中、演示神韵与项目规格标准及特点不融合、动作和队形不整齐、动作与背景音乐配合不一致者，视为一般。

 **裁判长扣分**

裁判长对以下情形进行扣分：

（1）比赛中因参赛队员个人因素造成的重做扣 1 分；

（2）参赛队员演示结束时间每提前或滞后 3 秒扣 0.1 分，累计扣分不超

过 0.3 分；

（3）集体赛中每多或缺 1 名参赛队员扣 0.5 分；

（4）着装不符合指定的式样扣 0.1～0.3 分。

最后得分的计算方法为：

（1）A 组 3 名裁判员评分的平均值为队员的动作规格分；

（2）B 组 3 名裁判员评分的平均值为队员的演示水平分；

（3）动作规格分和演示水平分计算到小数点后第二位数，小数点后第三位数不做四舍五入；

（4）队员的动作规格分与演示水平分之和，减去裁判长扣分，为其最后得分。

个人赛和集体赛名次

（1）按比赛成绩由高到低排列名次；

（2）比赛成绩相等时，演示水平分高者列前，如仍相等以动作规格分高者列前，如仍相等以动作规格分平均值计算前的最高分高者列前，如仍相等名次并列。

团体赛名次

（1）按比赛成绩由高到低排列名次；

（2）团体总分相等时，以集体赛总分高者列前，如相等以个人赛名次高者列前，如仍相等名次并列。

比赛规则